사랑만으로는 부족하다

결혼을 앞둔 자녀에게

사랑만으로는 부족하다
결혼을 앞둔 자녀에게

초판 1쇄 인쇄 2013년 1월 6일
초판 1쇄 발행 2013년 1월 12일

지은이 이성만, 김인자
펴낸이 金泰奉
펴낸곳 한솜미디어
등 록 제5-213호

편 집 박창서, 김주영, 김수정, 이혜정
마케팅 김영길, 김명준
홍 보 김태일

주 소 (우143-200) 서울시 광진구 구의동 243-22
전 화 (02)454-0492(代)
팩 스 (02)454-0493
이메일 hansom@hansom.co.kr
홈페이지 www.hansom.co.kr

ISBN 978-89-5959-339-2 (13320)

*책값은 표지에 표시되어 있습니다.
*잘못 만들어진 책은 구입하신 서점에서 친절하게 바꿔드립니다.

사랑만으로는 부족하다

결혼을 앞둔 자녀에게

이성만 / 김인자 부부 지음

프롤로그

결혼은 독립이다!

미국의 저명한 가정문제 상담가이자 캘리포니아대학교 명예교수인 주디스 월러스타인Judith S. Wallerstein 박사는 결혼한 지 10년 이상 된 행복한 부부 50쌍에게서 그 이유를 찾았다. 그 첫 번째가 "부부가 자신의 부모로부터 독립하는 것"이라고 말했다.

결혼은 사랑하는 사람을 만나 부모로부터 독립하여 새로운 가정을 이루는 것이다. 개인이든 국가든 독립해야 자존감을 가지고 살아갈 수 있듯이 부모로부터 경제적, 정서적으로 독립해야 주도적으로 결혼생활을 할 수 있다. 그런데 독립의지가 없는 결혼은 부모에게 의존할 수밖에 없어 불행하게 될 가능성이 매우 높다. 왜냐하면 경제적인 지원이나 도움에는 당연히 간섭도 따르기 마련이니까. 그래서 결혼은 어른으로서 자신의 인생을 책임지겠다는 독립선언이다.

결혼은 현실이다.
사랑만으로는 부족하다. 아무리 독립의지가 있고, 좋은 사람들이 만나더라도 부부가 되어 함께 살아가기 위해서는 또 다른 기술이 필요하다. 신혼 3년은 서로 융화를 이루어 가정의 기반을 마련하는 가장 중요한 시기다.

통계청 자료에 의하면 매년 32만 쌍 이상이 결혼하지만 신혼 3년 동안 가장 많은 부부들이 이혼한다. 심각한 문제는 비록 이혼은 하지 않았지만 갈등하면서 힘겹게 살아가는 부부들이 매우 많다는 데 있다. 수십 년을 다른 환경에서 생활하던 남녀가 한 가정을 이루면서 살아가는 것이 그만큼 쉽지 않다는 의미다. 그럼에도 불구하고 결혼을 앞두고 혼수나 집과 같은 물질적인 준비에는 엄청난 비용과 시간을 들이면서도 정작 가장 중요한 부부로 살아가는 데 필요한 준비는 하지 않는다. 이는 운전면허도 없이 자동차부터 구입하는 것과 같다. 그러면서 어떻게 사고 없이 행복하게 잘살기를 바라는가?

나는 남편과 함께 '행복한 가정을 만드는 부부리더십'을 전파하는 강의와 상담을 하면서 수많은 부부들을 만나고 있다. 안타깝게도 그들 대부분은 결혼생활에 필요한 기본적인 기술조차 모르다 보니 배우자와 갈등하며 힘겹게 살고 있다. 또한 법원의 가사조정위원회에서 이혼부부를 만날 때마다 너무나 마음이 아팠다. 이혼소송으로 오기까지 얼마나 많은 상처를 주고 받았을까? 사연이야 다 다르겠지만 이들 역시 부부로 살아가는 데 필요한 기술을 조금만 알았더라도 여기까지 오지 않았을 것이다. 그때마다 결혼을 앞둔 두 아들의 어미로서 걱정이 되는 것은 인지상정이다.

세상 모든 엄마들은 내 자식이 결혼해서 잘살기를 바란다. 물론 나도 마찬가지다. 결혼을 앞둔 두 아들과 며느리들에게 결혼 준비부터 결혼생활에 필요한 기술들을 자세히 알려주고 싶은 간절한 마음으로 이 책을 썼다. 부부란 무엇이고, 결혼생활의 목적이자 방향인 가정의 비전과 부부의 10년 목표를 설정하는 기술, 의사소통을 잘하여 서로 다름을 이해하고 화합할 수 있는 기술, 경제적인 기반을 마련할 수 있는 기술, 태교부터 만 3세까지의 자녀양육 기술을 담았다. 또한 양가 부모와 원만한 관계를 위한 기술을 비롯하여 신혼부부로서 한 가정의 기반을 마련하는 데 필요한 기술을 모두 포함했다.

원고가 마무리되었을 무렵 결혼을 앞둔 큰아들과 예비며느리에게 주었다. 아이들은 한 달 동안 한 챕터chapter씩 읽고 나서 반드시 실천해야 할 사항들을 정리했다. 특히 가정의 비전과 10년 목표를 준비한 것을 보면서 결혼생활을 잘하리라는 믿음이 들었다. 어미로서, 저자로서 이보다 더 큰 보람은 없다. 다른 예비부부들도 이 책을 통해 우리 아이들처럼 실천하리라 기대한다.

이 책은 한 번 읽고 나서 책장에 꽂아두지 않았으면 한다. 처음 읽으면서 중요한 부분에 밑줄을 긋거나 옆의 빈 공간에 실천해야 할 내용을 메모한 후 곁에 두고 필요할 때마다 펼쳐보면서 활용하기를 바란다. 마치 초중고 시절 혼자 공부하다 궁금할 때 도움을 받았던 종합참고서처럼.

행복한 결혼생활을 하고 싶은 그대들,
결혼이 불안하고 두려움으로 다가오는 그대들에게
이 책을 바친다.

두 아들의 엄마
김인자

| 차례 |

프롤로그 : 결혼은 독립이다! / 4

Chapter 1. 결혼은 사랑의 합보다 크다
1. 결혼은 위대한 창업이다! / 13
2. 부부는 가정의 공동경영자다 / 18
3. 가정의 비전 / 24
4. 꿈을 이루는 '부부의 10년 목표' / 30
5. 결혼을 앞두고(예비 아내) / 36
6. 결혼을 앞두고(예비 남편) / 41

Chapter 2. 당신은 디지털, 난 아날로그
1. 우린 뇌 구조가 달라요 / 49
2. 당신은 디지털, 나는 아날로그! / 55
3. 시각에 민감한 남자, 청각·촉각에 민감한 여자 / 61
4. 주도적인 남편, 완벽주의 아내 / 67
5. 쾌활한 아내, 평온한 남편 / 73
6. 기질을 이해하고 대응방법을 바꾸어라 / 79
7. 사랑의 주머니를 채워 주세요 / 86

Chapter 3. 시너지 효과를 만드는 아름다운 소통

1. 가사분담은 반드시 반반으로(?) / 103
2. 의사소통의 달인은 듣기의 달인 / 111
3. 행운을 불러오는 말 한마디 / 118
4. 말에는 놀랄 만한 힘이 들어 있다 / 123
5. 배우자를 춤추게 하려면… / 129
6. 당신은 내 맘 몰라 / 134
7. 성생활은 몸으로 하는 대화 / 139
8. 너무나 다른 남녀의 성性 / 144
9. 건강이 경쟁력이다! / 150

Chapter 4. 부부싸움에도 기술이 필요하다

1. 부부싸움은 칼로 물 베기(?) / 161
2. 부부싸움의 Key는 아내에게 있다 / 167
3. 부부싸움도 기술이 필요하다! / 174
4. 결혼은 두 집안의 만남 / 181
5. 사랑 받는 며느리의 지혜 / 187
6. 사위 사랑은 장모? / 195
7. 하루를 활기차게 만드는 아침행사 / 201

Chapter 5. 신혼 경제습관이 평생을 좌우한다

1. 결혼준비는 당사자가 주도적으로 / 209
2. 부자를 만드는 결혼 초의 저축습관 / 215
3. 돈 관리자를 정하라 / 221
4. Money Meeting이 해법이다 / 227
5. 신혼 자산관리 전략 / 234

Chapter 6. 아이의 일생은 세 살까지의 육아에 달려 있다

1. 태교가 아이의 평생을 결정한다! / 243
2. 아이의 지능을 높이는 태교 / 249
3. 가장 좋은 육아방법은? / 258
4. 아이의 성격은 엄마와의 애착관계에서 결정된다 / 265
5. 아이의 두뇌발달은 양육방법에 달려 있다 / 274
6. 아이는 부모에게 사회성을 배운다 / 282
7. 아이에게 화가 났을 때는 '일단 STOP' / 289
8. 과잉보호가 아이를 외톨이로 만든다 / 295

에필로그 : 인생의 꽃은 결혼 후에 핀다! / 301

Chapter 1
결혼은 사랑의 합보다 크다

혼자 꾸면 꿈이지만
부부가 함께 꾸면 반드시 이루어진다.

결혼은 위대한 창업이다!

　창업創業은 '사업을 새로 시작하다'라는 뜻이지만 '나라를 처음으로 세우다'라는 뜻도 포함하고 있다. 새로운 사업을 성공시키는 것이 나라를 세우는 것만큼 어렵다는 의미다. 이러한 창업과 문명을 발전시킨 인간을 태어나게 한 결혼이야말로 거룩하고 위대한 창업이라 할 수 있다.

　창업, 누구나 할 수 있다. 그러나 성공하기란 쉽지 않다. 결혼도 마찬가지다. 누구나 행복을 꿈꾸면서 결혼하지만 행복한 가정은 그렇게 많지 않다. 창업과 결혼, 둘 다 새로운 역할과 책임이 주어진다. 얼마나 준비하고 노력하느냐에 성공이 달려 있다.

　그런데 결혼을 준비하면서 혼수와 집에는 많은 돈과 시간을 들이면서도 정작 "결혼생활이 무엇인지? 남편과 아내로서 역할을 잘하기 위해서는 어떻게 해야 하는지? 행복한 가정을 만들기 위해서는 무엇을 해야 하는지?"에 대해서는 거의 준비하지 않는다. 물질적인 조건만 충족되면 결혼생활이 행복하리라 생각하지만, 조건(집, 혼수, 예단 등)이 행복을 보장하지 않는다. 행복은 부모가 만들어주거나 도와줄 수도 없다. 오직 부부가 함께 준비하고 노력해야 한다.

세월이 흐르면서 가정의 모습도 많이 변화되었다. 호주제가 폐지되고, 맞벌이 부부가 대세를 이루면서 여성의 위상이 달라졌다. 저출산으로 인한 핵가족이 확산되고, 만혼과 연상연하 부부도 늘어나고, 국제결혼이 증가하고 있다. 거기다 자식들은 부모의 과보호로 자라서 자기중심적인 성향이 강하다.

이런 상황에서 종전처럼 경제활동은 남편, 집안 살림과 자녀양육은 아내로 역할을 나누거나, 가부장적인 사고방식과 가치관으로는 가정이 행복할 수 없다. 가정에 대한 근본적인 인식을 바꿔야 한다. 가정은 단순히 휴식하고 잠자는 장소가 아니라 사랑을 배우며 살아가는 지혜를 익히는 훈련장이자, 삶의 에너지를 충전하는 발전소다. 그래서 가정이 행복한 사람이 사회적으로 성공할 가능성이 훨씬 더 높다.

가정은 우리 사회를 구성하는 가장 기본적인 조직이다. 관심과 사랑으로 정성 들여 가꾸지 않거나, 막연하게 노력하면 가정도 파산할 수밖에 없다. 우량기업은 비전과 핵심가치가 명확하고, 의사소통이 잘 되며, 재무구조가 튼튼하고, 문제해결과 위기관리 능력이 뛰어나서 지속적으로 성장한다. 이러한 기업의 경영기법을 가정에 적용하면 가정도 행복하게 만들 수 있다. CEO의 경영능력에 기업의 사활이 걸려 있듯이 가정도 공동 CEO인 부부가 어떻게 경영하느냐에 행복이 달려 있다.

결혼생활은 연애시절과 다르다. 연애시절에는 두 사람 사이에 사랑만 있으면 충분하지만 결혼생활은 사랑만으로는 부족하다. 결혼으로 창업한 '가정'을 행복하게 만들어야 할 책임과 의무가 있다. 부부는 공동 CEO로서 수평적인 파트너십Partnership으로 가정을 경영해야 한다.

무작정 노력한다고 되지 않는다. 아무리 능력이 뛰어나고 좋은 사람이라도 결혼생활을 잘하기 위해서는 기본적인 가정경영 기술을 알아야 한다. 가정의 비전과 목표를 설정하는 기술, 의사소통 기술, 갈등과 문제해결 기술, 자녀양육과 가정경제를 마련하는 기술, 양가 가족과 원만하게 지내는 기술 등을 부부가 함께 공부하여 익히는 것이 부부면허증을 취득하는 것이다.

나는 결혼 13년 동안 무면허로 가정을 이끌었다. 아내와 함께 교육을 받기 전까지는 남편과 아버지 노릇을 어떻게 해야 하는지 잘 몰랐다. 회사에서 열심히 일해서 돈 벌어오는 것이 내가 할 일이고, 아이들 키우고 집안 살림 하는 것은 아내의 몫인 줄 알았다. 그러면서 아내가 하는 일이 마음에 들지 않을 때는 가장이라는 이유로 큰소리치고 내 뜻대로 몰아갔다.

아내는 나와 대화가 되지 않아 답답하고 힘들어도 그냥 참고 견뎠다. 아이들도 원칙 없이 남이 하는 대로 따라 하면서 키웠다. 행복한 가정이 무엇인지도 모른 채 그저 앞만 보고 살았다. 만약 그때 부부로 살아가는 기술을 알았더라면… 생각할수록 너무나 아쉽고 후회가 된다.

무슨 일이든지 시작이 중요하다. 결혼생활도 첫 단추를 잘 끼워야 한다. 성장환경과 가치관이 다른 남녀가 부부로 잘 살아가기 위해서는 부부면허증을 반드시 취득한 후 결혼생활을 시작해야 한다. 그래야 결혼생활에서 실수나 시행착오를 줄일 수 있다.

부부면허증은 남편과 아내 면허증이 아니라 부부합동 면허증이다. 행복한 가정은 아무리 능력이 뛰어나도 남편이나 아내 혼자 만들 수 없다. 부부가 함께 배우고 대화하면서 가정을 경영하는 기술을 익혀야 한다. 가정경영은 핸들, 액셀러레이터, 브레이크 페달이 각각 2개인 자동차를 부부가 함께 운전하는 것과 같다. 몇 년 타고 마는 자동차도 구입하기 전에 필기, 실기, 도로연수까지 힘든 과정을 거쳐서 운전면허를 취득한다. 하물며 결혼 전에 평생을 함께 살 배우자를 위해 기본적인 준비를 하는 것이 최소한의 예의가 아닐까?

가정경영의 열쇠가 부부면허증이다.
결혼하기 전에 부부면허증을 반드시 취득하라!

부부는 가정의 공동경영자다

결혼을 앞둔 예비신부 P가 찾아왔다. 엄마가 아빠를 언제나 '웬수!'라고 한단다. 사랑하는 아빠가 엄마의 웬수라니…. 그런 부모님을 보면서 과연 '결혼을 해야만 하는가?'라는 생각까지 든 다고 했다. 어느덧 결혼이 다가오자 자신도 엄마처럼 될까 두렵 다면서 물었다.

"부부란 뭘까요?"

결혼! 설렘과 두려움이 함께 온다. 영원할 것만 같던 사랑의 감정이 안개처럼 걷히면서 '결혼은 현실'임을 실감한다. 서로 다른 남녀가 부부로 맺어져서 가정을 이루고 사는 데 갈등과 문제 가 일어나는 것은 당연하다. 하지만 어떻게 대응하느냐에 따라 '천생연분'으로 사느냐? 아니면 '평생 웬수'로 아웅다웅하며 사느냐? 이혼으로 결혼생활을 마무리하느냐?가 결정된다.

부부는 가정의 공동경영자CEO다.

부부는 가정을 함께 경영하는 수평적인 관계의 동업자다. 한 사람이 주도하고 상대는 따라가는 상하관계가 아니라 함께 계획을 세우고 실행하는 동등한 관계다. 사업상 동업자를 대하듯 서로 존중하고 배려해야 한다.

이제 부부 역할의 경계는 무너졌다. 경제생활은 물론 자녀 양육부터 집안일까지 남자와 여자가 아닌 취향과 능력에 따라 역할을 맡아야 가정을 효과적으로 경영할 수 있다. 혼자보다는 부부가 함께 머리를 맞대고 지혜를 찾아야 행복한 가정을 만들 수 있다.

가정경영의 핵심은 부부 사이의 원활한 대화다. 처음에는 대화가 쉽지 않을 수 있지만 인내심을 가지고 노력하면 익숙해진다. 바닷가의 돌들은 모두 둥글다. 모난 돌들이 오랜 세월 동안 서로 부대끼면서 길들여졌다.

부부는 '팀'이다.

2008년 베이징올림픽 배드민턴 혼합복식에서 금메달을 딴 '이용대 · 이혜정' 선수를 보자. 얼마나 환상적인 팀인가. 각자 역할을 명확하게 이해하고 상대를 배려하면서 완벽하게 팀플레이를 했다. 한 사람이 실수하면 다른 사람이 격려하고, 한 사람이 공격할 때는 다른 사람은 수비로서 받쳐주었다. 경기 내내 서로 눈빛을 주고받으면서 호흡을 맞추고, 사기를 높였다. 이처럼 복식경기는 '팀워크'가 중요하다. 부부도 '팀'이기 때문에 팀워크가 중요하다. 혼자 아무리 잘났더라도 배우자와 맞추지 못하면 좋은 부부가 될 수 없다.

결혼생활은 100점짜리 남녀가 만나 200점 부부로서 살아가는 것이 아니다. 부족함이 많은 20~30점짜리 남녀가 100점 부부를 향해서 함께 노력하는 삶이다. 혼자서 100점 남편, 100점 아내가 되려고 하지 마라. 배우자에게 그렇게 요구하지도 마라. 그 대신 배우자가 30~40점밖에 못하면 자신이 60~70점을 채우려고 노력해야 한다.

약점도 있고 결점도 많은 남녀가 만나 완전함을 향해 가는 제도가 결혼이다. 먼저 자신의 역할을 명확하게 이해하고 그 역할을 잘할 수 있도록 끊임없이 노력하면서 배우자도 역할을 더 잘할 수 있도록 격려하고 용기를 북돋워 주어야 한다. 맞물려 돌아가는 톱니바퀴처럼 함께 노력할 때 좋은 부부가 된다.

부부는 인생여행을 함께 떠나는 '길동무'다

"아무리 우리 현실이 힘들고 고통스러워도, 난 당신 없는 행복보다 당신이 있는 불행을 택하겠어요. 이대로라도 10년만 더 내 곁에 있어줘요."

2004년 6월 타계한 미국에서 존경 받는 대통령 중 한 명인 레이건 대통령의 부인 낸시 여사가 치매에 걸려 투병 중인 남편에게 보낸 편지의 일부다. 아내의 헌신적인 사랑이 레이건의 10년간의 비참한 말년을 아름다운 황혼여행으로 승화시켰다.

인생 여행길에는 수많은 희로애락이 일어난다. 하지만 언제나 함께하면서 의지할 수 있는 길동무가 있어서 정말 든든하다. 기쁜 일이 있을 때는 자신보다 더 기뻐해 줄 수 있고, 슬프거나 힘들 때도 함께하면서 힘이 되어 주는 사람은 배우자밖에 없다. 어떤 시련이나 고난이 닥치더라도 부부가 함께하면 반드시 극복할 수 있다.

나는 몇 년 전 열정을 모두 바쳤던 회사를 빼앗긴 후 삶을 마치고 싶을 만큼 절망에 빠졌다. 그때 아내는 이루 말할 수 없는 참담함 속에서도 흔들리지 않고 인내와 사랑으로 나를 보듬어 주었다. 그 덕분에 나는 다시 일어설 수 있었고, 지금까지 올 수 있었다. 아내는 이 세상 그 누구보다 든든한 나의 길동무다.

부부는 서로에게 가장 든든한 지지자다.

어떤 경우라도 배우자를 비난하거나 비판하지 말고 격려하고 지지하라. 세상 사람들이 모두 비난할지라도 배우자를 감싸고 보듬어야 한다. 그 누구보다 배우자로부터 격려와 지지를 받을 때 자신감과 용기가 생긴다.

사회생활을 하면서 스트레스도 많고 엄청난 시련과 어려움도 있을 수 있다. 그럴 때 마음속에 담아두거나 혼자 고민하지 말고 배우자와 이야기를 나누어라. 부부 사이에는 어떤 얘기를 나누어도 허물이 되지 않는다. 배우자와 대화하면 어떤 문제도 해결할 수 있고, 위로받을 수 있다.

세계적인 생명과학자인 포항공과대학교 성영철 교수는 연구와 학생지도로 스트레스를 많이 받지만, 퇴근 후에 하루 동안 있었던 일들을 아내와 이야기 나누다 보면 어느새 스트레스가 사라지고 풀리지 않던 문제도 아이디어를 얻는다고 했다.

부부는 신뢰로 맺어졌다.

신뢰란 부부에게 생명과 같아 거울처럼 한번 금이 가면 회복하기 어렵다. 사랑은 부족해도 살 수 있지만 신뢰가 깨지면 결혼생활이 어려워질 수 있다. 신뢰에 금이 가지 않도록 가정에 투명경영과 윤리경영을 도입해야 한다. 그리고 배우자와 교제하기 전 이성관계에 대해서는, 마음청소는 물론 물리적인 흔적(이메일, SNS, 블로그, 카페, 사진 등)까지 완전하게 정리하라. 과거의 작은 흔적이 불신의 씨앗이 될 수 있다. 꺼진 불도 다시 보자!

배우자에 관한 소문은 직접 본인에게 확인하기 전까지 절대 다른 사람의 말을 믿지 마라. 조금이라도 궁금하거나 의심스러우면 혼자 추측하거나 고민하지 말고 직접 물어보자. 그래야 사소한 오해로 신뢰에 금이 가는 것을 막을 수 있다.

 탈무드에 유태인 어머니가 결혼하는 딸에게 가르쳐주는 말이 있다. "남편을 왕처럼 받들어라. 그러면 너도 왕비 대접을 받을 것이다. 남편을 깔보고 함부로 대한다면 너도 하녀 취급을 받을 것이다." 이는 남편에게도 그대로 적용된다.
 아내를 왕비로 대하면 자신은 왕으로 대접받을 것이고, 함부로 대하면 자신도 역시 머슴 취급을 받을 것이다. '대접받고 싶으면 먼저 대접하라!' 인간관계에서 절대 변할 수 없는 황금의 법칙이다.

 부부는 양손과 같다.
 한 손보다 양손을 함께 사용할 때 시너지 효과를 낼 수 있다. 한 손이 밉다고 다른 손으로 때리면 양손 모두 아프다. 또 한 손이 아프면 다른 손이 어루만져 준다. 이처럼 부부는 언제나 함께하면서 서로 의지하고 보듬어 주는 길동무다.

가정의 비전

　삼성전자의 비전vision은 '미래 사회에 대한 영감, 새로운 미래 창조 Inspire the World, Create the Future', 현대자동차의 비전은 '자동차에서 삶의 동반자로'이다. 이처럼 회사와 같은 조직에는 전 구성원들을 한 방향으로 나아가게 하는 비전이 있다. '비전'은 그 조직이 꿈꾸는 미래의 모습이자 전 구성원들의 희망이다.

　가정은 가족이 함께 생활하는 우리 사회의 가장 기본 조직이다. 그래서 가정에도 비전이 필요하다. 가정의 비전은 결혼생활의 목적이자 나아갈 방향이다. 결혼으로 가정은 저절로 형성되지만, 행복한 가정은 비전이 만든다. 10년, 25년, 50년 후 꿈꾸는 가정의 모습을 상상하면서 자신에게 물어보라!
　"우리는 어떤 부부가 되고 싶은가?"

"우리는 어떤 부모가 되고 싶은가?"
"우리는 자녀를 어떤 사람으로 키우고 싶은가?"
"우리는 가족이 어떤 원칙을 지키면서 살아가기를 원하는가?"
이러한 부부의 소망을 담은 퍼즐조각들이 모여 완성된 모습이 가정의 비전이다. 가정의 비전은 결혼으로 창업한 가정의 미래 모습이자, 부부의 존재 목적이다.

누구나 행복한 결혼생활을 원하지만 막연하게 바랄 뿐이다. 이는 목적 없이 긴 여행을 떠나는 것과 같다. 마치 나침반도 없이 망망대해를 항해하는 것처럼. 가정의 비전이 있는 부부와 없는 부부의 결혼생활은 '하늘과 땅'만큼 차이가 난다.

각자 자유롭게 살던 남녀가 부부로서 함께 살아가는 것이 그렇게 쉽지 않다. 남편과 아내로 사는 것도 힘겨운데 양가 가족과의 관계도 잘 맺어야 하고, 자녀가 태어나면 부모 노릇도 잘해야 한다. 직장에서는 가장 열심히 일할 나이라서 무척 바쁘고, 경제적으로도 씀씀이가 늘어난다. 서로 기대하는 것도 많고, 함께 결정하고 행동해야 할 일들이 많다 보니 갈등과 문제가 생길 수밖에 없다. 어느 것 하나 녹록한 게 없다.

하지만 너무 두려워하지 마라. 부부가 함께 행복한 가정을 만들겠다는 간절한 바람만 있으면 그 어떤 어려움도 이겨낼 수 있다. 치열한 입시전쟁, 취업전쟁도 다 이겨냈다. 생각을 조금만 바꾸고 함께 노력하면 반드시 원하는 결혼생활을 누릴 수 있다.

남편과 아내 역할, 부모 역할 모두 처음으로 경험하느라 실수도 하고, 서투를 수도 있다. 그 역할을 잘하기 위해 각자 열심히 노력해 보지만 기대하는 만큼의 효과를 거두지 못한다. 이는 손뼉도 마주쳐야 소리가 나는데 부부가 함께하지 않았기 때문이다. 하지만 가정의 비전이 부부를 하나로 묶어 주어 좋은 부부와 훌륭한 부모가 될 수 있도록 함께 배우고 노력하게 만든다. 자녀들도 비전 중심으로 생각하고 행동하도록 이끌어 준다.

이처럼 가정의 비전은 가족을 결속시켜 주고, 강력하게 동기를 부여시켜서 한 방향으로 나아가게 한다. 그것이 비전이 가지고 있는 강력한 힘이다.

가정의 비전은 건물의 설계도와 같다.

아무리 작은 건물이라도 먼저 설계한 후 공사를 시작한다. 그런데 가정의 비전 없이 결혼생활을 시작하면 어떻게 될까? 부부로서 결속력이 약하기 때문에 위기나 문제 발생 시 함께 해결하기보다 서로를 비난하게 된다. 앞만 보고 각자 열심히 달려가거나 남이 하는 대로 따라 하면서 살게 된다. 부부나 부모로 성장하기 위해 노력하지 않고 현실에 안주하며, 행복한 가정을 위해 무엇을 해야 할지 모르기 때문에 안정적인 기반을 마련하지 못한다.

나는 목적 없이 결혼생활을 시작했다. 그 결과 수많은 실수와 시행착오를 겪으면서 혹독한 대가를 치렀다. 오랜 세월이 흐른 후에야 가정에도 비전이 반드시 필요하다는 것을 깨달았다. 아내와 많은 대화 끝에 가정의 비전과, 우리 가족이 함께 지켜야 할 원칙인 공동 가치관을 정했다. 물론 함께 사는 두 아들도 참여했다. 그 비전과 공동 가치관에 활짝 웃는 가족사진을 넣어서 만든 액자를 거실의 잘 보이는 곳에 걸어놓았다. 하루에도 몇 번씩 그 비전을 보면서 소망하는 우리 가정의 모습을 상상한다. 그리고 '나는 비전과 공동 가치관에 충실하게 살고 있는가?'라며 나 자신에게 물으면서 노력하고 있다. 물론 아내와 아들도 나처럼 하겠지만.

어느덧 우리 가족은 그 비전을 향해서 나아가고 있었다.

아래는 우리 가족이 함께 만든 가정의 비전과 공동 가치관이다.

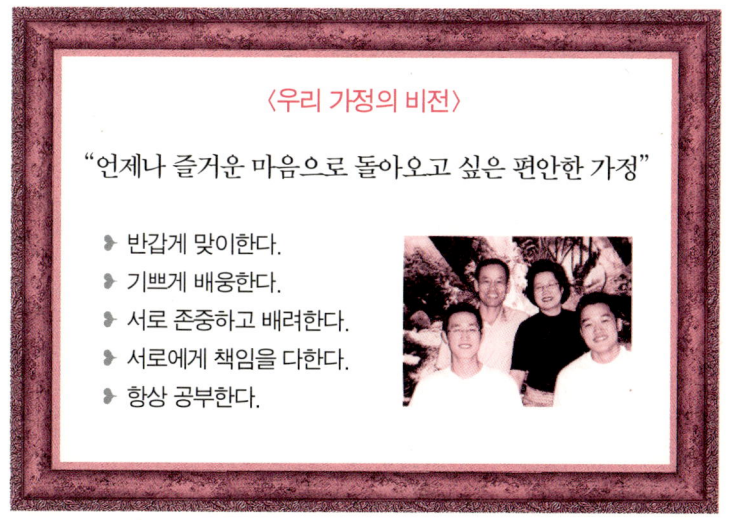

〈우리 가정의 비전〉

"언제나 즐거운 마음으로 돌아오고 싶은 편안한 가정"

- 반갑게 맞이한다.
- 기쁘게 배웅한다.
- 서로 존중하고 배려한다.
- 서로에게 책임을 다한다.
- 항상 공부한다.

가정의 비전은 미사여구나 좋은 문장일 필요가 없다. 남들과 차별화하거나 독창적이지 않아도 된다. 평소 존경하는 분들의 생각과 글을 옮겨오거나 책에 있는 글귀여도 좋다. 무엇보다 부부가 함께 만들고 싶은 가정에 대한 간절한 소망이 담겨 있어야 한다. '가정의 비전'이라는 결과물보다 만드는 과정에서 서로 기대하는 부부관계, 자녀교육, 가정의 모습에 대해 충분히 대화하여 합의하는 것이 더욱 중요하다. 그러면서 각자 중요하게 생각하는 가치관까지 이야기함으로써 서로를 더 많이 이해할 수 있다.

하지만 배우자의 생각이 자신과 다르더라도 이해하려고 노력해야지 비난하거나 자신의 생각에 따를 것을 강요하면 안 된다. 부딪히기 싫어서 적당히 타협해서도 안 된다. 반드시 부부가 완전히 합의하여 만들어야 한다. 그래야 비전을 달성하기 위해 함께 열정을 쏟는다.

가정의 비전은 내비게이션과 같다.

자동차를 운전해서 낯선 곳으로 갈 때는 내비게이션에 목적지를 입력시킨 후 출발한다. 교통량이 많거나, 사고가 났거나, 예상치 못한 일로 길을 벗어날 수도 있다. 하지만 아무리 길을 벗어나고, 시간이 지나더라도 내비게이션은 끊임없이 새로운 길을 찾아서 목적지로 이끌어 준다.

결혼생활은 낯선 곳을 향해서 부부가 함께 떠나는 여행이다.

그 여행 중 시련이나 위기를 겪을 수도 있고, 온갖 유혹으로 잠시 흔들릴 수도 있다. 그러나 가정의 비전이 부부를 결속시켜서 올바르게 나아가도록 이끌어 주고, 좋은 부부와 훌륭한 부모로 성장시켜 준다.

혼자 꾸면 꿈이지만 부부가 함께 꾸면 반드시 이루어진다.

꿈을 이루는 '부부의 10년 목표'

"인간은 천성적으로 자신에게 주어진 환경을 극복하고 목표를 추구하면서 살아가도록 만들어졌다. 자신에게 의미를 부여해 주고 흥미를 유발하는 목표가 없을 때 하는 일 없이 빈둥거리게 되고 방황한다. 극복해야 할 장애물이 없고 성취해야 할 목표가 없을 때 인간은 진정한 만족이나 행복을 얻지 못한다."

미국의 저명한 성형외과 의사이자 성공학자인 맥스웰 몰츠 박사는 명저인 『성공의 법칙Psycho-Cybernetics』에서 목표의 중요성을 강조했다.

지난 봄 40대 중반의 K씨를 만났다. 예전에 자신감 넘치던 당당한 모습은 없고 어깨가 축 처져 있었다. 사연은, 은행에서 1년 전 명예퇴직 후 사업을 시작했으나 6개월 만에 퇴직금을 모두 날

려버렸단다. 아내가 퇴직을 반대했는데도 반드시 성공하고야 말겠다면서 시작한 사업이 그렇게 되자 날마다 부부싸움을 하다가 이제는 대화조차 하지 않고, 중고등학생인 아이들도 공부엔 관심이 없고 밖으로 나돌기만 한단다. 한때는 잘나가는 중견은행원이었는데, 어쩌다 이 지경이 되었는지 모르겠다며 한탄을 했다.

  우리와 헤어진 후 걸어가는 그의 뒷모습이 그렇게 측은할 수 없었다. 든든한 직장에다 경제적으로도 여유가 있어서 승승장구할 것 같던 K씨가 그렇게 되리라고는 상상조차 못했다. 더구나 부부 사이는 물론 자녀까지 그렇게 되었다니. 그렇다. 위기는 예상하지 못하는 순간에 쓰나미처럼 덮친다.

  요즘 인생의 황금기라 할 수 있는 중년남자들이 위기에 몰려 있다. 직장에서는 치열한 경쟁 끝에 구조조정으로 내몰리고, 가정에서는 배우자와 대화 부족으로 외톨이가 되고, 고령화가 되면서 돈 쓸 일은 늘어가는데 할 수 있는 일은 별로 없다. 중년의 위기는 곧 가정을 위기로 빠뜨린다. 이는 가정을 위한 목표 없이 그저 앞만 보고 달려온 때문이다.

  우리가 살아가는 데 목표는 매우 중요하다. 특히 결혼생활에서 목표는 가정의 안정된 기반을 마련하기 위한 것으로써 반드시 필요하다. 그런데 신혼시절에는 사랑만 있으면 행복하리라 믿는다. 안정된 직장이 있거나 부모의 지원으로 경제적인 여유가 있을 때는 그 필요성을 더욱더 느끼지 못한다.

그러나 현재 누리는 것들이 미래를 보장해 주지 않는다. 오히려 현실에 안주하게 만들어서 미래를 대비할 기회마저 앗아간다. 마치 뜨거운 물에 던져진 개구리는 뛰쳐나와서 살지만 미지근한 물에 던져진 개구리는 점점 따뜻해지는 물에 길들여져서 서서히 죽고 마는 것처럼.

결혼생활을 시작하면서 '부부의 10년 목표'를 구체적으로 세워라. 그 목표에는 불가사의한 힘이 들어 있다. 부부가 목표를 끌고 가는 것이 아니라 그 목표가 부부를 이끌어 준다. 특히 글로 쓴 구체적인 목표는 그것을 이룰 수 있도록 집중하게 만들고, 생활에서 열정이 솟아나게 한다. 자신감과 용기를 가지고 어떤 장애물도 극복할 수 있는 힘을 준다.

미국 하버드대학교의 연구 결과, 사람들의 3%는 엄청난 부를 누리고 있다. 10%는 비교적 여유롭게 살고, 60%는 그럭저럭 생계를 꾸려 가고 있다. 나머지 27%는 외부의 도움을 받아 생계를 꾸려 가고 있다.

이렇게 차이가 난 이유는 무엇일까? 바로 구체적인 목표이다. 최상위의 3%는 글로 쓴 구체적인 목표가 있었다. 10%는 마음속에 몇 가지 목표는 있었지만 글로 쓰지는 않았다. 나머지 87%는 아예 목표조차 없었다. 이만큼 글로 쓴 구체적인 목표가 인생을 부자로 이끌어 주었다.

스웨덴 스톡홀름대학교 앤더스 에릭슨K. Anders Ericsson 박사는, "어떤 분야에서 최고 수준의 성과와 성취에 도달하려면 최소 10년 정도 집중적으로 노력해야 한다"며 10년 법칙 이론을 제시했다. 한 분야의 최고 전문가들도 10년 동안 집중적인 노력을 통해 얻어진 것이다. 행복한 가정을 위한 안정된 기반도 부부가 함께 10년간 집중적으로 노력할 때 마련된다. 결혼생활 첫 10년의 목표가 바로 행복한 가정을 만들어 주는 초석이 된다.

'부부의 10년 목표'는 행복한 결혼생활의 기반인 친밀한 부부관계, 재산형성, 건강, 자기계발, 자녀양육 등의 분야에서 10년 동안 이루고 싶은 목표를 부부가 함께 세우는 것이다. 각 분야별 목표를 찾아서 그 중 6~7개 정도를 'SMART 공식'에 맞게 설정한다. 커다란 코르크 판의 중앙에는 행복하게 웃는 부부사진을, 그 주위에 목표를 상징하는 이미지나 사진을 붙인 후 구체적인 목표와 달성기한을 쓴다(다음 페이지 참조).

그 목표패널을 집 안의 가장 잘 보이는 곳에 걸어두고, 아침저녁마다 바라보며 이미 이루어졌다고 상상하면서 말을 한다. 인간의 잠재의식은 상상과 실제를 구별하지 못하기 때문에 계속 상상하면서 말을 하면 뇌는 실제 이루어진 것으로 알고 그렇게 행동하게 만든다.

"말과 상상력이 싸우면 반드시 상상력이 이긴다. 만약 말과 상상력이 손을 잡으면 그 힘은 단순히 합쳐지는 것이 아니라 상승

효과를 일으킨다"고 자기암시 요법의 창시자인 프랑스의 에밀 쿠에Emile Coue가 말했다.

성공한 사람들은 자신의 꿈이 이루어진 모습을 상상하면서 말하는 습관이 있다. 이렇듯 부부의 10년 목표가 행복한 결혼생활의 꿈을 반드시 실현시켜 줄 것이다.

〈목표를 수립하는 'SMART 공식'〉

Specific(구체적인) : 금액과 내용이 구체적이어야 한다.
Measurable(측정 가능한) : 달성여부를 평가할 수 있도록 수치화해야 한다.
Attainable(달성 가능한) : 혼신의 힘을 다하면 달성할 수 있는 도전할 만한 큰 목표라야 한다.
Related to my vision(비전과 연관된) : 부부의 꿈인 가정의 비전과 관련된 목표여야 한다.
Time phased(기한이 있는) : 목표달성 기한이 명확해야 한다.

결혼을 앞두고…

'소개팅으로 좋은 사람을 만날 수 있을까?'라는 내 오랜 의문을 풀어 준 나의 반쪽이 마침내 나타났다. 첫인상이 정말 좋아서 '아! 이 사람이다!'라는 느낌을 받았고, 그래서인지 만나는 순간부터 가슴이 두근거리고 웃음이 끊이질 않았다. 오빠도 나와 같은 생각을 하고 있다는 걸 느낄 수 있었다.

일주일도 채 지나지 않아 좋은 만남으로 이어가자는 오빠의 고백과 함께 시작된 연애 속에서 우리는 비슷한 점이 정말 많다는 것을 알았다. 알콩달콩 즐거운 연애를 하면서 결혼에 대한 생각이 싹텄고, 자연스레 결혼생활에 대한 이야기를 하기 시작했다.

그런데 부모님의 생각은 달랐다. 너무 빠르다면서 사람은 신중하게 만나봐야 한다고 말씀하셨다. 물론 부모님의 말씀이 옳다는 것을 알지만 나는 오빠를 믿었고, 오빠를 선택한 나 자신을 믿었다. 오빠와 함께라면 어떤 어려움도 헤쳐 나갈 수 있을 것 같았다.

얼마 후 우리는 결혼승낙을 받았으며, 사귄 지 100일 되던 날 양가 부모님의 상견례가 있었다. 혹시 어른들끼리 마음 상하는 일이 있을까 봐 은근히 걱정이 되었지만 모든 것은 기우였다. 우리 사이처럼 부모님끼리도 잘 맞는 것 같았다. 우리는 안도의 한숨을 내쉬었다. 양가 어른들은 예단, 예물, 이바지 등 형식적이고 허례허식으로 생각되는 것을 모두 생략하기로 하셨다.

결혼준비를 하면서 양가 부모님 간의 의견충돌이나, 당사자 간의 합의점을 못 찾아 힘겨워하는 예비부부들의 이야기를 종종 듣는다. 하지만 우리는 양가 부모님으로부터 특별 보너스를 받은 것 같았다. 부모님들께서는 우리 결혼을 위한 첫 디딤돌이 되어 주셨다. 이렇게 결혼을 위한 첫 단추가 잘 끼워져서 얼마나 기뻤는지 모른다.

우리는 결혼준비에 대해 많은 이야기를 나누었다. 먼저 서로 모아둔 돈으로만 결혼준비를 하기로 합의했다. 물론 부모님들의 도움을 받아 결혼하면 남들보다 쉽게 출발할 수 있겠지만, 부모님께 부담을 안겨드리며 시작하는 결혼생활이 맘 편할 것 같지는 않다. 자식의 행복이 부모의 행복이듯 부모의 행복 또한 자식의 행복임을 잘 알기에 했던 선택이다. '남자는 집, 여자는 혼수'라는 생각을 갖고 계셨던 우리 부모님도 결국 내 의견에 설득당해 주셨다.

한편, 결혼은 현실이라는 친구들의 말을 들으면서 결혼생활에 대한 설렘과 동시에 막연한 두려움도 조금은 있었다. 아무리 집안일을 남편이 도와주더라도 도맡아 하는 건 여자이고, 결혼 전 남자들이 하는 약속을 다 믿으면 안 된다며 워킹맘이 겪어야 하는 고충들을 말해 주었다. 이것이 '현실이구나'란 생각과 동시에 '다들 하잖아'란 생각이 들었다. "사랑이 평생 갈 것 같아? 3년이면 끝나. 나머지는 정으로 사는 거야!"라고 했지만 그 말이 아직 내겐 와 닿지 않는다. 하지만 그렇게 되지 않기 위해 반드시 서로 노력해야겠다는 각오도 생겼다.

마침 예비 시부모님께서 집필하신 원고를 우리에게 선물하셨다. 숙제라고 주신 원고가 나에게는 '귀한 선물'이었다.

그 원고는 다름 아닌 결혼 초 부부로 살아가면서 반드시 알아야 할 기술들이었다. 마치 오빠와 나를 위해 집필하신 것 같았다. '결혼을 앞둔 자녀에게'라는 제목과 목차만 봐도 빨리 읽고 싶은 호기심이 발동했다. 한 chapter씩 읽으면서 행복한 결혼생활을 위해서는 배우고 익혀야 할 것들이 참 많다는 것을 알았다.

특히 '아무리 능력이 뛰어나고 좋은 사람들이라도 함께 살아가기 위해서는 또 다른 기술이 필요하다'는 말이 가슴 깊이 와 닿았다. 내가 지금까지 배우거나 들어 보지 못했던 결혼생활에서 필요한 내용들이 매우 쉽게 사례중심으로 기술되어 있었다. 내가 모르는 것들이 이렇게 많았던가? 가히 충격적이었다. 이 원고는 나로 하여금 결혼준비, 즉 아내, 엄마, 딸, 며느리로서 역할을 어떻게 하면 지혜롭게 잘 할 수 있는지를 가르쳐 주었다.

  우리는 한 chapter씩 각자 읽은 후 대화를 나누면서 꼭 실천할 사항들을 정리했다. 사실 난 가정의 비전에 대해서 잘 몰랐다. 회사 같은 조직에만 있는 줄 알았는데 가정에도 비전이 반드시 필요하다는 것을 알았다. 많은 대화를 통해 그것을 만들었다. 서로의 기질과 강·약점에 대해서 알게 되었고 서로의 사랑언어가 무엇인지도 알게 되었다. 가사분담을 효율적으로 하는 방법을 제시해 주어서 많은 도움이 되었다. 부부싸움에도 기술이 필요하다는 점과 부부가 함께 태교부터 육아를 어떻게 해야 하는지도 알았다. 각 chapter마다 중요하지 않은 게 하나도 없었다.
  이 원고를 열심히 읽고 나니 이제 결혼은 현실이라는 친구들의 말에 대한 두려움이 사라졌다. 서로 존중하고 배려하면서 결혼생활을 잘 해나갈 수 있겠다는 자신감까지 생겼다. 그날이 하루빨리 기다려진다.

  우리는 결혼 날짜가 정해진 후 통장을 하나로 합쳐 열심히 돈을 모으고 있다. 혼수도 오빠와 의논하여 리스트를 만들었다. 딸

혼수를 준비하는 즐거움을 빼앗아 버려 어머니에게는 좀 미안한 생각이 들었다. 그러나 다 이해해 주시리라 믿는다. 혼수는 결혼생활에 꼭 필요한 최소한의 것만 마련하기로 합의했다. 이렇게 하다 보니 예산을 많이 절약할 수가 있어 신혼집을 얻는 데 큰 도움이 되었다. 우리는 스스로를 참 대견스럽게 생각한다.

  양가 부모님 도움 없이 오로지 우리 둘만의 힘으로 '위대한 창업' 준비를 하고 있으니까. 주위에서 경제적 어려움 때문에 결혼을 미루거나 포기하는 사람들을 많이 보았다. 돈이 절대적인 요건이 될 수 없다. 당사자의 마음이 가장 중요하다. 준비과정에서 무슨 문제든 생기기 마련이나 두 사람의 마음만 합치면 어떤 어려움도 이겨낼 수 있다. 나도 오빠와 머리를 맞대고 문제들을 하나씩 풀어 갔다. 많은 대화로 마음을 합하니 해결되지 않은 문제는 하나도 없었다. 오히려 더 친밀해졌다.

  나는 예비 신부로서 하고 싶은 것과 해야 할 것을 차근차근 준비하면서 즐겁고 행복한 추억들을 많이 만들고 있다.

  이 기회를 통해 예비 시부모님께서 주신 귀한 선물에 감사드린다. 그리고 결혼을 허락해 주시고 기쁜 마음으로 설득당해 주신 사랑하는 나의 부모님께도 진심으로 감사드린다. 부모님, 예쁘게 잘 키워 주셔서 고맙습니다! 사랑합니다!

— 예비 아내 조영은

결혼을 앞두고…

　2012년 나의 목표는 4월 말까지 여자친구를 사귀어서 연말까지 결혼하는 것이다. 나는 혼자 있을 때는 물론 동료, 친구 등 아는 사람들을 만날 때마다 목표를 말했다. 그렇게 매일 상상하고, 말을 했더니 신기하게도 모두 이루어졌다.

　아니나 다를까 지난 3월 초 부모님의 지인을 통해 인연이 시작되었다. 우연인지, 필연인지 알 순 없지만 난 필연이라 믿고 싶다. 처음 보는 순간 Feel이 꽂혀 내 눈이 멀어버렸다. 첫날부터 우리는 많은 이야기를 나누면서 급속도로 가까워졌다. 평소 부모님께서 강조하신 '결혼의 첫째 조건은 화목한 가정의 딸이어야 된다'는 말씀이 떠올랐다.

　만남이 거듭되면서 우리의 결혼은 무언 속에 굳어져 갔다. 그 이유는 많은 대화를 나누다 보니 영은이의 집안도 우리 집처럼 화목한 가정임을 알 수 있었다. 부모님이 싸우지 않고, 웃음이 끊이 질 않는 가정, 특히 아버님의 위트는 그 누구도 따라갈 수가 없었다. 뿐만 아니라 가족이 자연스럽게 포옹하는 모습을 보면서 사랑이 많은 따뜻한 가정이라는 것을 알 수 있었다. 거기다 양가 부모님의 가치관과 생활습관도 비슷했다. 우리는 서로의 비슷함에 끌려 결혼을 결심한 후 양가 부모님의 허락을 받기로 했다.

먼저 부모님 도움 없이 우리가 모아둔 돈으로 결혼하기로 영은이와 합의한 후 부모님께 결혼허락을 받기 위한 준비에 들어갔다. 먼저 '부모님께서 우리의 결혼에 대해 가장 중요하게 생각하는 것이 무엇인지? 예비 사위에게 바라는 것이 무엇인지? 결혼 후 우리가 어떻게 살아가기를 바라는지?'에 대해 영은이가 파악해 왔다. 그것을 바탕으로 부모님이 충분히 납득할 수 있도록 영은이와 의논하여 진심을 담은 편지를 썼다. 그 후 예비 장인 장모님을 찾아뵙고 편지를 드리면서 먼저 읽으신 후에 말씀해 달라는 부탁을 드렸다.

예비 장인께서는 다 읽으신 후 웃으면서 "내가 할 말이 없도록 준비를 많이 했군. 우리가 궁금해 했던 내용들이 다 들어 있네"라고 말씀하시며 기분 좋게 허락해 주셨다. 얼마나 긴장했는지 그 순간 진땀이 등골을 타고 흘러내렸지만 온통 내 세상인 것만 같았다. 역시 정성들인 만큼 내 인생 최대 프로젝트는 순조롭게 출발했다.

　모든 것을 대화로 풀어 가는 우리 모습을 지켜본 양가 부모님은 우리가 결혼의 중심에 설 수 있도록 살림집을 비롯한 모든 준비를 믿고 맡겨주셨다. 어느덧 예식장을 예약하고 웨딩사진도 촬영했다. 전셋집도 마련했고, 청첩장도 인쇄를 했다. 주말마다 함께 만나 계획대로 결혼준비를 하고 있다.

　부모님께서 이 책을 쓰게 된 목적과 진행과정을 난 잘 알고 있다. 지금의 일을 하면서 이혼위기에 처한 신혼부부들을 만날 때마다 결혼 적령기의 두 아들이 생각나서 너무나 가슴 아팠다고 했다. 그래서 두 아들이 결혼생활을 행복하게 시작하기를 바라는 간절한 마음으로 이 책을 쓰기로 결심한 후 집필을 시작했으나 그 과정에서 어려운 일들이 많았다. 그때마다 두 분은 끊임없는 대화로 서로 격려하고 보듬었다.

　원고가 마무리되면서 영은이와 내게 피드백feedback을 요청했다. 가벼운 마음으로 의견을 말씀드리면 되겠다는 생각으로 원고를 받았다. 결혼생활에 대해서 가르쳐 주지는 않았지만, 부모님의 살아가는 모습을 늘 지켜보았기 때문에, 행복하게 잘 살 수 있다는 자신감이 있었다.

　그런데 원고 첫 chapter를 읽으면서 깜짝 놀랐다. 가정을 행복하게 만들기 위해서는 주먹구구식이 아니라 '기업처럼 경영해야 한다'는 내용이 뇌리에 새겨졌다. 더구나 부부가 공동대표로서 함께 가정을 경영해야 하고, 이를 위해서는 기본적인 기술이 필요하다면서 막연하게 알고 있던 나 자신을 일깨워 주었다.

이 원고를 통해서 영은이와 함께 가정경영 기술을 익히기로 합의했다. 한 달 동안 각 chapter별로 정독한 후 진지하게 대화하여 우리가 반드시 실천해야 할 핵심사항을 정리했다. 그 중 가장 중요하게 공감했던 부분이 '가정의 비전'과 '부부의 10년 목표'다.

우리는 이 두 가지를 반드시 만들기로 약속했다. 책을 읽을 때에는 쉬운 것 같았는데 막상 만들려고 하니 많은 생각과 대화가 필요했다. 평일은 전화로, 수요일과 토요일에는 만나서 많은 대화를 나누었다. 출퇴근 시간 버스에서나 잠자기 전에는 물론 잠시라도 여유가 있으면 온통 머릿속에는 그 생각뿐이었다. 수없이 생각하고 대화를 나눈 끝에 우리는 '가정의 비전'과 '10년 목표'를 정하는 데 합의했다.

우리는 세상에서 제일 큰 일을 해낸 것 같아 얼마나 뿌듯했는지 모른다. 비전과 10년 목표를 정하고 나니 우리의 마음가짐부터 달라졌다. 이제 우리는 그곳을 향해 열심히 달려가려고 한다. 어떤 시련과 고난이 있더라도 우리는 함께 헤쳐 나갈 수 있다는 자신감이 생겼다. 이 두 가지를 만들면서 대화가 얼마나 중요한지 다시 한 번 느꼈다. 마음을 열고 진실하게 나눈 대화가 우리를 완전한 하나가 되게 하였고, 더욱 친밀하게 만들었다. 결혼을 앞둔 예비부부나 신혼부부들에게 가정의 비전과 부부의 10년 목표 만들기를 꼭 권한다. 충분한 가치와 의미가 있기 때문이다.

많은 사람들은 결혼 후 적지 않은 갈등을 겪으면서 그럭저럭 살아간다. '결혼하면 다 그렇게 사는 거야'라며 자신을 합리화시키면서. 나 역시 막연하게 행복한 가정을 기대했었다. 그러나 이젠 아니다. 부부로 살아가는 기술을 배우고 익히면 반드시 가정 경영을 잘할 수 있다는 확신을 얻었다. 그래서 이 책을 통해서 위대한 창업(결혼) 준비를 철저하게 하려고 한다.

이 책을 읽으면 누구든지 결혼생활의 기술을 쉽게 배울 수 있다. 나에게 이 책은 바로 결혼생활의 참고서나 다름없다. 이제 결혼생활에 대한 자신감까지 생겼다. 영은이와 함께 창업할 그 날이 하루 빨리 기다려진다.

부족함이 많은 나를 사위로 받아주신 예비 장인, 장모님께 깊은 감사를 드린다. 이 책을 통해 진정한 결혼준비를 할 수 있게 해주신 부모님께도 감사드린다. 특히 매일 새벽에 일어나 정성과 사랑이 담긴 도시락을 싸주신 어머니께 머리 숙여 감사드린다. 어머니 고맙습니다! 아버지 사랑합니다!

— 예비 남편 이영민

Do it now!

- 서로 기대하는 행복한 가정에 대해서 대화한 후 함께 가정의 비전을 만들자.

- 서로 중요하게 생각하는 가치관이 무엇이고, 왜 그 가치관을 중요하게 생각하는지 이야기 나누자. 그리고 '가정의 비전'을 달성하기 위해 부부는 물론 자녀들도 반드시 지켜야 할 원칙인 공동 가치관을 정하자.

- 우리 가정의 비전 달성의 기반이 되는 '10년 목표'를 구체적으로 세우자.

Chapter 2
당신은 디지털, 난 아날로그

차이를 인정하고 받아들여라.
틀린 것이 아니라 서로 다를 뿐이다.

우린 뇌 구조가 달라요

"여보~오!"

식사 때마다 남편을 부르는 게 큰 일이다. 신문을 읽고 있거나, TV를 보거나, PC 앞에 있을 때는 몇 번을 불러도 겨우 대답만 할 뿐 나오지 않는다. 참다못해 큰소리로 부르면 그제서야 일어선다.

하루는 친구와 약속이 있어서 남편의 점심식사를 준비해 놓고 외출을 했다. 그런데 돌아와서 보니 눈에 띄는 국과 김치만 꺼내 먹고 다른 반찬은 그대로 있었다. 어디 있는지 몰라서 찾아 먹지 못했다는 것이다. 이럴 수가 있는가. 냉장고에 넣어두었다며 몇 번이나 이야기했는데 보이지 않았다니. 더구나 알아서 찾아 먹을 테니 걱정하지 말라고 해놓고서도. 이제는 남편의 말을 믿지 않는다. 직접 보여주면서 설명한 후 메모지에 써서 냉장고에 붙여놓는다. 그랬더니 신기하게도 잘 찾아 먹는다.

남자에게 두 가지 이상 부탁할 때는 구체적으로 설명하거나 메모해 주어야 한다. 남자의 뇌 구조는 한꺼번에 한 가지만 할 수 있도록 프로그래밍되어 있기 때문이다. 모든 에너지를 '현재 하고 있는 일에 집중'하므로 동시에 다른 것을 할 수가 없다.

남자는 무슨 일을 하고 있을 때(신문을 읽거나, 컴퓨터를 하거나, TV를 보고 있을 때 등) 부르면 거의 들리지 않는다. 설령 "응, 알았어"라며 대답은 할지라도 그걸 기억하지 못할 가능성이 크다. 또 대답했더라도 즉시 움직이지 않는 것도 같은 이유에서다. 운전하는 남자 옆에서 재미있는 이야기를 해주면 신호를 위반하거나 길을 놓치고 마는 것도 같은 이유 때문이다. 따라서 남자가 하던 일을 멈추고 빠져나오는 데는 시간이 걸리므로 인내심을 가지고 기다려야 한다. 그래도 빨리 행동하기를 바란다면 소리치지 말고 직접 몸을 흔들면서 말을 해라.

반면 나는 머리를 손질하면서 전화하고, 레인지에서 찌개도 끓이고, TV를 보면서 현관의 벨 소리까지도 듣는다. 바쁠 때는 차를 운전하면서 화장하고, 라디오도 듣고, 통화도 한다.

이처럼 여자는 좌·우 뇌를 동시에 사용할 수 있도록 설계되어 있어서 한꺼번에 여러 가지를 할 수 있는 멀티플레이어다. 다른 일을 하고 있더라도 누가 부르면 즉시 대답하고 움직인다. 남자는 한 번에 한 가지씩, 여자는 동시에 여러 가지를 할 수 있다.

얼마 전 한 아내가 찾아와서 남편과 대화가 되지 않아 너무나 답답하다고 했다. 남편은 주로 퇴근 후 집에 오면 말을 하지 않고 신문을 읽거나 TV만 보는데, 어쩌다 말을 꺼내면 "문제가 뭐야? 당신이 잘못했네. 이렇게 해!"라며 몇 마디 듣지도 않고 중간에 끊고는 답을 가르쳐준다고 했다.

내 남편도 그랬다. 퇴근 후에는 항상 신문을 집어 들고 소파로 갔다. 나와 아이들보다 신문이 더 중요한 것처럼 느껴졌다. 신문을 끊든지 무슨 수를 써야겠다는 생각을 얼마나 많이 했는지 모른다. 시댁이나 아이들 일로 하도 속상해서 제발 이야기 좀 하자고 하면, 마지못해 "뭔데, 이야기해!"라고 했다. 그래서 얘기를 한참 하다 보면 남편은 신문을 읽으면서 건성으로 듣는 척할 뿐이었다. 얼마나 화가 나고 서운했는지 모른다. 그런 일을 몇 번 겪고 난 후 웬만해서는 말하지 않고 혼자 속앓이를 했다. 이야기해 보았자 혹 떼려다 혹을 붙이는 꼴이 되고 마니까.

남편에게 집은 휴식처다.

TV를 보거나, 신문을 읽거나, PC 앞에 있는 것도 남편에겐 휴식이다. 하루 종일 직장에서 사람들과 지내다 보면 퇴근해서는 아무 말도 하고 싶지 않고, 혼자 쉬고 싶을 뿐이다. 특히 하루 동안 해야 하는 말수가 여자의 1/3에 불과한 남자는 이미 직장에서 할 말을 다 해버렸다. 그런데 집에 들어서자마자 아내가 대화하자고 하면 그것을 '일'이라고 생각한다. 그 순간 표정이 굳어지며 퉁명스럽게, "무슨 일이야?"라며 마지못해 응하거나, "제발 좀 쉬게 내버려 둬!"라고 한다. 그러면 아내는 자신에게 뭔가 불만이 있는 줄 알고 짜증을 낸다. 그러면서 부부 사이에 대화가 없어지고 갈등이 깊어 간다.

하지만 여자는 하루에 약 2만 단어를 말한다. 하루 종일 다른 사람들과 이야기해도 할 말이 남아 있으므로 남편이 퇴근하기를 기다렸다가 대화하자고 한다. 심지어 함께 여행했던 친구와 헤어진 후 집에 도착하자마자 전화로 수다를 떠는 게 여자다. 이만큼 여자는 말이 많다. 체계적인 남자가 들을 때는 밑도 끝도 없는 말이라서 무슨 내용인지 전혀 알 수 없지만, 신기하게도 여자는 말을 하면서 생각을 정리한다.

여자는 말이 고프고, 남자는 말이 고달프다. 남자에게 말은 사실과 정보를 전달하는 수단이지만 여자에게 말은 생활의 전부다.

강의 중에 한 남편이 물었다. 아내는 용돈을 몰래 숨겨놓아도 찾아내고, 다른 여자들과 술을 마셨는지도 다 알아채고, 퇴근하면 표정을 살핀 후 회사에서 좋은 일이 있었는지 아닌지도 알아챈단다. 어떤 날은 아내에게 들키지 않으려고 집에 들어오기 전에 거울을 보면서 표정연습을 하고 들어와도 몇 마디 이야기를 나누지 않았는데도 금세 알아채고는, "귀신을 속이는 게 낫지,

나를 속일 생각을 아예 하지 마!"라고 한단다.

여자의 뇌는 '거울신경'이 발달해서 타인의 감정을 거울처럼 비춰서 읽어낼 수 있다. 상대가 말하지 않더라도 시선, 몸짓, 표정, 기분이나 태도의 변화, 목소리의 톤 등 아주 작은 변화도 감지하여 분석한다. 아기의 울음소리만 듣고도 배가 고픈지, 아픈지, 졸음이 오는지, 기저귀가 젖었는지 엄마는 금방 알아챈다.

하지만 남자는 상대의 마음을 읽어내는 눈치가 없다. 꼭 말을 해야 알아듣고, 말을 하면 액면 그대로 믿는다. 바보스러울 만큼. 그런데 다른 사람의 말은 잘 믿으면서 자기 아내의 말은 잘 받아들이지 않는다. 왜냐하면 아내 말을 잘 들으면 자신을 무능하다고 생각하기 때문이다. 이런 남편들은 남의 말을 그대로 잘 믿었다가 잘못되는 경우가 많다. 내 남편처럼.

이처럼 남자와 여자가 서로 다른 것은 뇌 구조에서 차이가 있기 때문이다. 뇌 과학에 의하면, 남자와 여자의 유전자는 99% 이상 같고, 차이는 단 1%에 불과하다. 그 1%가 남자와 여자의 결정적 차이를 만들어 낸다.

인생의 동반자인 남편과 아내는 '가장 사랑하는 존재'이면서 '가장 이해할 수 없는 존재'라는 모순적인 관계이다. 심지어 아내는 남편에 대해 '아무리 가르쳐도 도무지 나아지지 않는 동물'이라고 표현하고, 남편은 아내에 대해 '아무리 이해하려고 해도 이해할 수 없는 별종'이라고 표현한다.

영국 케임브리지대 심리학과 배런 코언 교수는, "오랜 진화 과정에서 여자의 뇌는 '공감하기empathizing'에 더 적합하게 프로그래밍되었고, 남자의 뇌는 '체계화하기systemizing'에 더 적합하게 되었다"고 주장한다.

여자는 관계를 중시하고 대화로써 문제를 해결하려고 한다.
남자는 일 중심적이고 경쟁을 즐긴다.
여자는 직감이 뛰어나서 말하지 않아도 마음을 읽어낸다.
남자는 눈치가 없어서 직접적이고 구체적으로 말해야 알아듣는다.

당신은 디지털, 나는 아날로그!

작은아들이 여섯 살쯤이었을 때다. 그 당시는 바나나가 아주 귀하고 비쌌다. 어느 날 아껴둔 용돈으로 바나나 한 송이를 사서 콧노래를 부르며 퇴근했는데 아이들이 너무나 좋아했다. 그런데 이럴 수가? 당연히 나한테 먼저 줄 줄 알았는데 아내는 바나나를 달랑 두 개만 떼서 아이들한테만 하나씩 준 후 나머지는 숨겨놓았다. 비록 회사에서는 직위가 낮지만 집에서만큼은 왕으로 대우받으리라 기대했는데. 두 아들에게조차 밀린 내 처지가 참 한심스러웠다. 그렇다고 화를 내자니 너무 옹졸한 것 같고, 참고 있으니 화난 마음이 얼굴에 드러났다. 그 모습을 본 아내가 왜 그러냐고 물었다. 처음에는 아무 일도 아니라고 했지만 아내가 계속해서 묻기에, "내 입은 입이 아니야?" 하고 서운함을 내비쳤다. 아내는 아이들만 주려고 사온 줄 알았다면서 미안하다고 했다.

며칠 후 식탁에 갈치구이가 올라왔다. 작은아들이 가장 큰 토막을 집으려고 했다. 그 순간 아내는 "경열아, 우리 집 제일 어른은 누구?" "아빠!" "그 다음은?" "엄마!" "그 다음은?" "형님!", "그럼 가장 큰 토막은 누가 먹어야 되겠어?" "아빠."

아내는 질문으로 아들에게 가족의 서열을 가르쳤다. 그날부터 아들은 서열을 잘 지켰다. 형을 '형님'이라고 부르며 항상 먼저 생각하고 따랐다. 물론 큰아들도 동생을 무척 아끼고 존중했다. 두 아들은 지금까지 거의 싸운 적이 없을 정도로 우애가 깊다. 우리 가족이 서로 존중하면서 화목하게 잘 지낼 수 있는 것은 가족의 서열을 잘 지켜준 아내 덕분이다.

남자에게 '서열'은 매우 중요하다. 어디서나 (직장, 모임, 가정) 직위, 나이, 권력 등으로 항상 서열을 정한다. 모임을 만들 때도 서열 순서로 가장 먼저 회장부터 뽑는다. 발언순서, 좌석배치, 들어오거나 나갈 때도 모두 서열대로 한다. 또 아무리 친하더라도 윗사람과 함께 걸을 때는 반 발짝 뒤에서 걷는다. 남자들이 활동하는 곳은 언제나 조직화·서열화되어 있다. 남자들이 서열을 중시하게 된 것은 옛날 수렵시대에 무리 지어 사냥할 때의 유전자가 이어져 온 때문이다.

남자에게 서열은 자신의 존재가치다. 그 가치를 인정받지 못할 때 남자는 무시당했다고 느낀다.

여자는 사람들과의 관계를 중요하게 생각한다. 사람들과 친하게 지내는 것을 중시하기 때문에 다른 사람의 말에 공감을 잘한다. 여자들에게 서열은 큰 의미가 없기 때문에 남녀 상관없이 나이가 많거나 직위가 높은 사람과도 잘 어울린다. 때에 따라서 남편보다 자녀를 먼저 챙기기도 하고 맛있는 음식을 먼저 주기도 한다. 그건 서열의식이 없는 아내가 무의식적으로 한 행동이지 남편을 무시하려고 한 것이 아니다. 하지만 남편은 머리로는 이해하면서도 마음은 무시당했다고 느낀다.

결혼한 지 2년 된 한 남편이 찾아왔다. 회사에서 일이 잘 안 되거나 스트레스를 받으면 퇴근 후에는 아무 말도 하기 싫고 혼자 있으면서 생각을 정리하려고 한단다. 하지만 아내는 왜 아무 말도 하지 않느냐며 다그치면서 심지어 "무슨 불만이야? 내가 뭐 잘못했는데? 왜 집에 와서 화를 내?"라며 야단이란다. 그런 것 없다고 해도 아내는 막무가내로 따지는데, 싸울 수도 없고 어떻게 하면 좋으냐고 물었다.

남자는 아무 말도 하지 않고 혼자 있고 싶을 때가 있다. 어려운 문제에 대한 구체적인 해결책을 찾고자 할 때, 기분이 언짢거나 스트레스를 받았을 때, 문득 자신을 돌아보고 싶을 때가 그렇다. 그런 일들을 아내에게 이야기하는 것은 스스로를 무능하다고 생각하기 때문에 혼자 해결방법을 찾으려고 한다.

남편이 말하지 않으면 조금은 답답하더라도 스스로 말할 때까지 느긋하게 기다려라. 혼자 방에 들어가서 나오지 않거나 집에 늦게 들어오더라도 불평하거나 다그치지 말고 편안하게 해주어라. 그러다 생각이 정리되거나 문제가 해결되고 나면 말을 한다.

하지만 아내는, 남편이 갑자기 말하지 않으면, '나를 이제 사랑하지 않는구나. 나를 미워하고 있구나'라며 최악의 경우를 상상한다. 왜냐하면 여자가 말하지 않는 경우는 자기가 하려던 말이 상대에게 상처 줄 우려가 있거나, 상대를 믿지 않거나, 어울리고 싶지 않을 때뿐이니까. 그래서 자신 때문에 남편이 화났다고 생각해서 어떻게든 입을 열려고 한다. 그럴수록 남편은 더욱 입을 다물어 버리는데도.

여자들은 주로 친정엄마나 자매, 친구들과 많은 이야기를 나눈다. 기분이 언짢거나 우울할 때는 그 기분을 털어내기 위해서, 어려운 문제가 있거나 스트레스를 받을 때는 해결방법을 찾기 위해서다. 새로운 정보를 알았거나, 얻기 위해서도 이야기를 나눈다. 더욱 친밀해지고 싶은 사람과도 마음속 이야기를 나눈다.

그런데 평소 말을 많이 하던 아내가 갑자기 말이 없으면 남편은 아무런 문제가 없는 것으로 생각할 수 있다. 하지만 이는 아내의 마음속에서 문제가 심각하게 진행되고 있다는 징조다. 즉시 이야기할 수 있도록 분위기를 만들어서 아내와 진지하게 대화해야 한다. 절대로 다그치거나 강요하지 말고 편안한 분위기를 만들어 주어야 속마음을 털어놓는다.

어느 아내의 하소연이다. TV채널 때문에 남편과 자주 다툰다고 했다. 남편은 리모컨을 잡으면 한 방송을 꾸준히 보지 못하고 여기저기 마구 돌리면서 스포츠라면 기를 쓰고 본단다. 하필 자신이 좋아하는 드라마 방영시간에 주로 스포츠경기를 중계하는데, 조용하게 볼 것이지 왜 소리를 지르면서 보는지 모르겠단다. 그것도 아무런 관련이 없는데도 꼭 한 팀을 응원하면서 열을 낸다고 했다. 자기가 응원하는 팀이 이기면 좋아서 어쩔 줄 모르고, 지면 화가 나서 못 견딘단다.

남자는 목표지향적이라서 승패가 분명한 스포츠경기를 좋아한다. 그래서 남자들은 별일 아닌 것도 다른 사람과 경쟁하고, 반드시 이기려고 한다. 이는 자신의 가족을 지키기 위해서 전쟁으로 영토를 확장하고 성을 쌓던 수렵시대의 유전자가 남아있기 때문이다. 또 남자들은 호기심이 많아서 새로운 내용의 뉴스나 다큐멘터리와 같은 프로그램을 좋아한다.

어린아이를 보면 남자가 얼마나 경쟁적이고 호기심이 많은지 알 수 있다. 남자아이들의 놀이는 난폭하게 싸움을 하거나 신체접촉이 크고 시끄러우며 끝없는 갈등과 장시간의 참여를 요구한다. 이런 남자아이에게 조용히 놀기를 바라면서 인형을 주면, 그 인형을 가지고 놀지 않고 집어 던지면서 공격적인 놀이의 무기로 사용한다.

여자는 드라마를 좋아한다. 승패나 호기심보다 서로 공감하면서 함께 유대관계를 가질 때 안정감을 느끼기 때문이다. 드라마를 보면서도 '나도 저런 감정을 느껴봤으면 좋겠다. 저 여주인공은 얼마나 행복할까? 아마 이런 느낌일 거야'라며 그 순간 주인공들의 감정흐름에 공감을 한다.

여자아이는 태어날 때부터 감정적 표현에 관심이 많다. 자신에 대한 사람들의 반응을 토대로 자신이 사랑 받을 만한 소중한 존재인지, 아니면 성가신 존재인지를 알아챈다. 생후 몇 주 지나지 않아 자신을 바라보는 얼굴들을 유심히 살피기 시작한다. 어른들이 눈을 맞추면 곧 어른을 향해 미소 짓는데, 여자아이는 얼굴표정만으로도 부모와 긴밀한 유대를 맺을 수 있다.

남편은 아날로그적 사고를 하고, 아내는 디지털적 사고를 한다.
남편은 생각을 정리한 후에 말하고, 아내는 말을 하면서 생각을 정리한다.

시각에 민감한 남자,
청각·촉각에 민감한 여자

지난 10월 아내와 국회에서 일을 마친 후 단풍이 너무 아름다워서 한참을 거닐었다. 갑자기 아내가 웃으면서 "당신, 정말!" 하며 옆구리를 꾹 찔렀다. 나도 모르게 지나가는 예쁜 여자에게 눈길이 따라갔던 모양이다. 예전 같았으면 아내가 화를 냈을 텐데. 나한테 이런 일은 자주 일어난다. 걸을 때나 운전 중에도 예쁜 여자가 지나가면 나도 모르게 눈길이 간다.

얼마 전 캐나다의 한 경찰관이, 여자의 심한 노출이 성범죄 증가에 많은 영향을 미쳤다고 해서 여성계가 반발했지만 생물학적으로는 이유가 있는 말이다. 남자는 여자의 노출된 신체부위를 보는 순간 뇌에서 성적 충동이 일어나도록 되어 있다. 불법 동영상이나 성인영화를 남자들이 즐겨보는 것도, 성인오락실이나 유흥업소 여자들이 노출을 많이 하는 것도 같은 이유에서다. 중요한 비즈니스나 국가 간의 정보전쟁에서 미인계가 동원되는 것도 마찬가지다. 그래서 남자는 아내가 곁에 있어도 예쁜 여자가 보이면 자신도 모르게 눈길이 돌아간다. 채신머리없다고 핀잔을 들어도. 이는 테스토스테론이라는 남성호르몬의 영향 때문이다.

이처럼 남자는 눈에 보이는 것에 쉽게 유혹을 받는다. 다른 여자에게 곁눈질하는 남편을 이해하자. 지극히 정상적이고 건강하다는 증거다. 그 대신 남편을 먼저 유혹하는 아름다운 아내가 되면 어떨까?

지난해 H사에서 강의할 때였다. 30대 후반의 한 남자가 찾아와서 하소연했다. "아내가 직장동료와 바람났어요. 달콤한 말솜씨에 아내가 유혹당한 것 같습니다." 그는 아내에게 다정한 말이라고는 해본 적이 없는 무뚝뚝한 남자였다. 한눈팔지 않고 가정을 위해 묵묵히 일만 했다. 아내를 마음속으로 사랑하면 되지 그걸 꼭 말해야 하느냐고 했다.

여자는 남자의 달콤한 속삭임이나 부드러운 손길에 쉽게 유혹을 느낀다. 평소 들어보지 않았던 기분 좋은 칭찬에는 매우 민감하게 반응한다. 여자는 그 말이 사실이 아닌 줄 알면서도 자신도 모르게 분위기에 휩쓸리면서 유혹에 넘어간다. 그래서 바람둥이들은 하나같이 달콤하고 부드러운 말로 분위기를 즐겁게 만든다.

남자는 누드Nude에 약하고, 여자는 무드Mood에 약하다.

평소 아내에게 다정한 말과 스킨십을 자주 하라. 아내는 달콤한 말에서 사랑을 느낀다. 그 말이 값비싼 선물보다 마음을 움직이는 효과가 훨씬 더 크다.

K씨는 직장 상사가 너무 스트레스를 줘서 속상한 마음을 남편에게 이야기했다.

"김 과장이 까다롭게 굴어서 힘들어 죽겠어!"

갑자기 남편의 표정이 굳어지더니 불쑥 한마디 내뱉었다.

"그렇게 힘들면 회사 그만둬!"

그 순간 너무 기가 막혀 아무 말도 나오지 않고 눈물만 나왔다. 누가 회사를 그만 두겠다고 했는가. 너무 힘들어서 위로받고 싶어 이야기했을 뿐인데. 어떻게 그런 말을 할 수 있을까? 더욱 화나는 건 그까짓 일로 왜 우느냐는 것이다. 그날 이후 직장에서 아무리 속상한 일이 있어도 남편에게 절대 이야기하지 않는단다.

남자는 대체로 여자 이야기를 끝까지 듣지 못하고 중간에 끊고는 충고하거나 해결책을 말한다. 특히 자신이 해결할 수 없는 이야기일 때는 불평하는 것처럼 들려서 더욱 그렇다. 아내는 그럴 때 더 속이 상한다. 해결해 달라는 것이 아니라 얼마나 속이 상했는지 위로받고 싶어서 이야기한 것뿐이다.

여자에게 말은 일상생활이다. 생각나고 느끼는 대로 자연스럽게 사람들과 이야기하면서 관계를 맺고 친해진다. 남편에게 하루 동안 있었던 일을 이야기하는 것도 좀 더 친밀해지고 싶어서다. 아내의 가장 큰 불만은 자신의 이야기에 남편이 귀를 기울이지 않는다는 것이다.

그런데 남편은 주로 불평이나 비판하거나 조언을 구할 때 다른 사람에게 이야기한다. 아내가 말하는 것도 자신에게 그런 조언을 구하는 것이라고 생각해서 중간에 끊고는 해결책을 내놓는다. 따라서 아내가 이야기할 때 핵심이나 문제가 무엇인지 항상 파악하면서 듣는다. 해결책을 제시해서 아내를 기분 좋게 하려고.

아내가 이야기할 때 중간에 끊지 말고 공감하면서 끝까지 들어라. 해결책이나 조언은 묻기 전에는 절대로 말하지 말고. 대화하면서 해결책을 스스로 찾아내는 게 여자다. 아내도 남편과 대화하기 전에 미리 핵심내용을 알려주면서 중간에 끊지 말고 끝까지 들어달라고 부탁을 해라. 그래야 귀 기울여 들으려고 노력한다.

나는 결혼 후 아내 생일을 놓쳐서 곤란할 때가 참 많았다. 무려 10여 년을 그렇게 보내다 드디어 기억을 했다. 달력에 동그라미를 쳐 놓고, 책상에 큰 글씨로 써 놓은 덕분이다. 생일 전날 출근하면서 아내에게 물었다.

"내일 당신 생일인데 무슨 선물을 받고 싶어요?"

"케이크 하나면 되죠 뭐!"

얼씨구나 하면서 퇴근할 때 가장 크고 멋있는 케이크를 사서 아내가 좋아할 것을 생각하며 기분 좋게 현관에 들어섰다. 그런데 이게 웬일일까? 활짝 웃으며 반겨주던 아내가 케이크를 받아들고 두리번거리더니 금세 표정이 굳어졌다. 그 다음 말이 가관이었다.

"달랑 케이크 하나예요?"

이 무슨 날벼락인가. 아침에 분명히 케이크 하나면 된다지 않았는가. 어이가 없어 아침에 그렇게 말하지 않았느냐고 했더니, "그걸 꼭 말을 해야 알아요?"라고 했다. 갑자기 난 바보가 된 느낌이었다. 아내의 그 다음 한마디는 나를 확실하게 바보로 만들어 버렸다.

"눈치도 없이…."

아내 생일을 꼭 챙겨서 칭찬 받고 싶었던 내 기대는 그렇게 산산조각 나 버렸다.

남편들에게 부탁한다. 아내(모든 여자)의 말을 액면 그대로 믿지 마라. 아내의 말에는 언제나 뜻이 숨겨져 있다. 그 말뜻이 무엇인지 자세히 물어라. 특히 선물해야 할 경우에는 구체적으로 원하는 것이 무엇인지 물어보아야 한다. 그래야 주고 나서 욕먹지 않는다.

여자는 언어를 관장하는 뇌의 좌반구가 남자보다 크게 발달해서 말하는 능력이 월등히 우수하다. 부부싸움할 때도 아내는 사실 여부보다는 자신의 감정을 최대한 드러내기 위해 다양한 표정과 목소리와 몸짓으로 과장을 한다.

"당신은 내가 하는 말은 뭐든지 다 틀렸다고 하잖아요?"

"당신은 내가 하는 것은 항상 반대하잖아요."

어쩌다 한번 그랬을 뿐인데도 '항상, 할 때마다, 언제든지, 날마다'와 같은 말로 감정 상태를 최대한 과장해서 표현한다. 그러면 남편은 그 말 한 마디 한 마디가 사실인지 아닌지를 따진다.

남편은 부부싸움하다 아내 말을 도저히 당해낼 수 없다 싶으면 언행이 과격해지거나 아니면 입을 닫고 그 상황을 피해 버린다. 그러다 시간이 지나면 아무 일 없었던 것처럼 잊고 일상으로 돌아간다. 하지만 여자는 잠든 남편을 깨워서라도 끝장을 보려고 한다. 시간이 지나도 해결되지 않으면 여자는 마음속에 쌓아놓는다. 그러다 수십 년이 지난 후 남편은 기억조차 없는데도 기회가 될 때마다 그 얘기를 꺼내서 남편을 공격한다. 부부싸움하는 방법도 남자와 여자는 이처럼 다르다.

여자는 감정을 나타내기 위해 과장해서 말을 하고,
남자는 사실을 논리적으로 말한다.

주도적인 남편, 완벽주의 아내

손자병법에 '지피지기 백전불태知彼知己 百戰不殆'라는 말이 있다. '나를 알고 상대를 알면 백 번 싸워도 위태롭지 않다'는 의미다. 부부로 살다 보면 배우자가 이해되지 않아 답답할 때가 많다. 하지만 기질을 알고 나면 배우자가 왜 그렇게 답답했는지 이해할 수 있어 갈등을 피할 수 있다.

연애시절 적극적이고 추진력이 대단한 남편은 소심한 내겐 정말 매력적이었다. 결혼만 하면 나의 부족한 점을 모두 채워 주어 세상에서 가장 행복한 여자가 되리라 믿었다. 그런데 결혼하고 나니 남편은 무슨 일이든지 자기 마음대로 하는 독재자였다.

작은아들의 초등학교 시절이다. 여름방학이 가까워오던 어느 날 퇴근한 남편은 일주일 후 여름휴가로 지리산을 등산한다고 했다. 한여름에 등산이라는 말이 너무나 황당했다. 하지만 한번 한다면 불도저처럼 밀어붙이는 남편이라 집안이 편안하려면 아이들을 설득하는 수밖에 없었다. 다행스럽게도 아이들은 아빠의 고집을 잘 알아서 그런지 순순히 받아들였다.

남편은 회사에서 여름휴가로 그곳이 좋다는 이야기를 들었던 모양이다. 다른 사람으로부터 좋다는 이야기를 들으면 남편은 즉시 행동에 옮긴다. 그럴 때마다 미리 계획을 세워서 차근차근 준비해야 하는 나로서는 얼마나 당황하는지 모른다.

드디어 방학이 시작되자 우리 가족은 지리산으로 떠났다. 민박집에 짐을 풀자마자 남편은, "내일 아침 6시에 지리산 정상인 천왕봉(해발 1,925m)으로 출발한다"고 했다. 목표는 쉬지 않고 5시간 이내 정상에 도착하는 것. 그 순간 숨이 멎는 줄 알았다. 혹시 아이들이 중간에 쉬거나 못 올라가면 어떡하나 걱정되었다. 남편은 무슨 일이든지 자기 뜻대로 안 되면 화내고 소리를 지른다.

우리는 다음날 일찍 아침식사 후 점심을 챙겨 등산을 시작했다. 아이들과 난 도저히 불가능하리라 여겼던 지리산 정상까지 5시간 만에 도착했다. 드디어 해냈다는 성취감으로 기분은 이루 말할 수 없이 좋았다. 남편은 소심한 나와 두 아들에게 자신감을 심어주기 위해 지리산 등산을 목표로 삼았다고 했다.

남편과 같은 기질을 '담즙질Choleric'이라고 한다. 이 기질은 무슨 일이든지 자신이 주도해야 한다. 모임도 자신이 리더가 되어 주관해야지 그렇지 않으면 흥미를 느끼지 못한다. 다른 사람들을 자기 생각대로 하도록 잘 시키고 가르친다. 추진력이 뛰어나서 목표를 정하면 어려움이 있더라도 반드시 성취해 낸다.

좋은 생각이 떠오르거나 해야 할 일이 있으면 즉시 실천한다. 식사도, 걸음걸이도 빠르다. 의사결정도 과감하게 빨리 한다. 권위를 중요하게 생각하기 때문에 자신에게 복종하는 사람은 좋아하고, 대꾸하거나 대드는 사람은 매우 싫어한다. 할 일을 만들어서 하며, 게으른 사람을 가장 싫어한다. 스트레스를 받거나 걱정거리가 있으면 집에 있지 못하고 등산이나 운동으로 땀을 흠뻑 흘리면서 풀어버린다.

이 기질은 자신이 아무런 영향력도 발휘할 수 없는 상황일 때 우울해진다. 직장, 돈, 지위, 명예처럼 자신이 성취한 것을 상실했을 때는 너무나 괴롭다. 그럴 때 자신이 주도적으로 할 수 있는 일이나 운동을 찾아서 열정을 쏟는다. 하지만 자신의 삶을 주도적으로 통제할 수 없는 상황이 되면 심각한 우울증에 빠지거나 그 상황을 해결하기 위해 자살을 시도할 수 있다.

이러한 사람이 우울해 할 때는 뛰어난 능력을 인정하면서 절대적인 신뢰를 보내야 한다. "당신은 반드시 해낼 수 있어요! 당신이 못하면 누가 할 수 있어요!" 그리고는 스스로 문제를 해결할 수 있을 때까지 믿고 기다려야 한다. 하지만 섣부른 동정심이나 위로는 하지 마라. 더욱 패배자라는 인식을 심어줄 수 있으니까.

담즙질 배우자와 잘 지내기를 바라는가?
절대 간섭하거나 잔소리하지 말고 권위를 인정하고 존중하라. 비록 옳지 않은 경우라도 일단 체면을 세워준 후 둘만 있을 때 부드럽게 조언하라.

우리 집에서 부부모임을 가질 때였다. 나는 일주일 전부터 메뉴를 짜면서 담아낼 그릇까지 하나하나 준비를 했다. 그런 내게 남편은 간단하게 준비하자고 했다. 하지만 내 집에 오는 손님인데 어떻게 대충해서 맞이할 수 있단 말인가. 그건 내가 알아서 할 테니 간섭하지 말라고 했다.

모임 날이 되자 아침부터 하루 종일 음식을 준비하느라 정신없이 바빴다. 손님들이 도착하자마자 식사할 수 있도록 약속시간 10분 전까지 모든 준비를 마쳤다. 음식상을 차려 놓은 것은 물론 머리도 손질하고 옷도 단정하게 갈아입은 후 손님을 기다렸다. 그러나 약속시간이 되었는데 아무도 오지 않았다. 음식이 식을까 신경도 쓰이고, 약속시간을 지키지 않아 화도 났다.

다행히 얼마 지나지 않아 모두 도착했지만 기분은 풀리지 않았다. 모두 미안해하면서 차려 놓은 음식을 보고는 맛있겠다면서 감탄을 했다. 제시간에 오지 않아 많이 속상했지만, 맛있게 먹으면서 고마워하는 모습을 보니 화난 마음도 풀렸다.

나와 같은 기질을 '우울질Melancholy'이라고 한다.

이 기질은 무엇이든 완벽하고, 질서가 있고, 계획적이어야 한다. 신중하게 생각하여 잘할 수 있다는 확신이 들어야 행동에 옮긴다. 하지만 너무 생각이 많아 머뭇거리다 보니 자신감이 없고 소심하다는 이야기를 듣는다. 사려가 깊고 진지하며 말을 함부로 하지 않는다. 배우자나 자녀들에게도 기대치가 높기 때문에 좀처럼 칭찬하지 않는다.

많은 친구를 사귀기보다 속마음까지 나누는 소수의 친구들을 사귄다. 지적이고 진지하고 사리에 맞게 대화하는 사람들을 좋아한다. 약속을 지키지 않거나, 말을 함부로 하거나, 질서가 없는 사람들은 경박하게 생각하여 싫어한다. 떠들썩하고 시끄러운 분위기를 싫어하고, 조용하게 사색하며 혼자 보내는 것을 좋아한다. 자신의 물건에 다른 사람이 손대는 것을 매우 싫어한다.

이 기질은 좋은 일이든 나쁜 일이든 흥분하지 않고 차분하다. 물건을 구입하면 사용설명서부터 읽은 후 그대로 한다. 배우자나 자녀가 질서가 없거나, 단정하지 못하거나, 언행이 사려 깊지 않을 때는 완벽하게 고치려고 잔소리를 많이 한다. 아내가 이 기질이라면 갑자기 손님을 집에 초대하는 일은 절대 하지 말아야 한다.

이 기질은 삶이 완벽하지 못할 때 우울해진다. 기분이 상해 있을 때 "그런 걸 가지고 뭘 그래!"라기보다, "마음 상했지? 기분이 풀려서 말하고 싶을 때까지 기다릴게!"라고 말하고 기다려야 한다. 떠들썩하고 시끄러운 분위기를 싫어하므로 조용하게 사색하며 혼자 보내는 시간과 장소가 필요하다.

우울질 배우자와 잘 지내고 싶은가?
사려 깊고 진지하게 대하라. 그리고 약속은 반드시 지켜라.
작은 노력이나 성취한 것을 찾아서 진지하게 칭찬하고 격려해 주어라.

쾌활한 아내, 평온한 남편

지난해 가을 30대 후반의 한 부부가 찾아왔다. 온화하고 조용한 남편과 달리 아내는 표정이 매우 밝고 쾌활했다.

"저희 부부는 성격이 서로 맞지 않아 자주 싸우는데…."

남편이 말을 시작하자마자 아내가 얼굴을 붉히면서 중간에 끼어들었다.

"그게 아니고요. 이이가 자꾸만…."

몇 번이나 아내가 끼어드는 바람에 남편이 말을 이어갈 수 없었다. 하는 수 없이 그 아내를 다른 방으로 데리고 갔다.

"저 사람은 원래 저래요. 어디서든지 나서기를 좋아하고 늘 큰소리칩니다. 한번 말을 시작하면 다른 사람에게 말할 기회를 주지 않아요. 제발 말 앞세우지 말고, 부풀려서 말하지 말라고 해도 안 되고 화만 벌컥 냅니다. 집안 살림에 관심이 없고 봉사활동

한다면서 늘 밖으로만 돌아다닙니다. 친구들은 얼마나 많은지 여기저기 모르는 사람이 없을 정도예요."

"아내 성격이 참 좋아 보이더군요."

"너무 좋아서 탈이랍니다. 여기저기 간여하지 않는 데가 없어요. 남의 어려운 일은 모두 해결해 줘야 직성이 풀립니다. 일을 벌이기만 하고 끝까지 하는 것은 한 번도 없어요. 누가 예쁜 옷을 입었으면 즉시 사야 하고, 백화점이나 마트에 갔다가 좋은 것이 보이면 충동구매를 합니다. 시간약속을 지금까지 한 번도 지켜본 적이 없습니다. 보통 10~20분은 늦기 때문에 기다릴 때 얼마나 속 타는지 모릅니다. 그런 일로 자주 싸우게 됩니다."

이 아내와 같은 기질을 '다혈질Sanguine'이라고 한다. 한마디로 신바람 기질이다. 재미있고 신나면 힘든 줄 모르고 일하는 기분파다. 노래방에 가서도 마이크를 한번 잡으면 놓지 않는다. 항상 쾌활하고 유머감각이 뛰어나서 말을 재미있게 잘한다. 애교가 많고 붙임성이 있다. 사교적이어서 사람을 잘 사귀고 아는 사람이 많은 마당발이다. 인정이 많아 남을 잘 도와주고 매사에 낙천적이다. 옷차림이나 집 안을 화려하게 꾸민다. 맛있고 푸짐하면 건강에 신경 쓰지 않고 아무것이나 잘 먹는다.

그런데 '다혈질' 하면 목에 핏대를 세우고 화를 잘 내는 사람으로 알고 있다. 그건 약점 중 한 가지다. 그보다는 강점이 훨씬 더 많다. 벌컥 화내는 것도 관심과 칭찬을 받고 싶은데 비난하거나 비판하기 때문이다. 감성적이고 창의적이어서 아이디어가 떠오르면 우선 큰소리부터 지른다. 그건 사람들에게 관심을 끌고 싶어서다. 새로운 일을 잘 벌이지만 한 가지 일에 오랫동안 집중하지 못한다. 즉흥적이어서 돈이나 시간을 계획적으로 쓰지 못하고, 약속도 잘 지키지 못한다. 밖에서 사람들과 어울리고 활동할 때 신나고 에너지가 넘친다. 아내가 이 기질인 경우, 집안 살림에는 별로 관심이 없어서 정리정돈을 잘 못한다.

이 기질은 사는 게 재미없거나 주위로부터 관심을 받지 못하면 우울해진다. 이럴 때는 혼자 있게 하지 말고 밖으로 불러내서 맛있는 것도 사주고, 쇼핑도 하고, 칭찬을 많이 해주어야 한다. 앞날에 대한 희망적인 이야기를 들려주고, 사랑이 담긴 작은 선물을 주면 금세 표정이 밝아진다. 슬프거나 괴로운 일이 있을 때는 마음을 드러내놓고 속 시원하게 울 수 있도록 내버려 두어야 한다. 하지만 과거 잘못을 꺼내서 비난하거나 자신보다 더 불행한 사람과 비교하지 말아야 한다.

다혈질 배우자와 잘 지내고 싶은가?
끊임없는 칭찬과 관심을 가지고 애정을 표현해 주어라. 이야기할 때는 재미있다거나 좋은 아이디어라고 적극적으로 호응해 주어라. 말을 앞세우더라도 "당신 말대로 잘 될 거예요. 기대할게요!"라며 신뢰를 보내라. 반드시 그가 말한 대로 이루어진다.

그 아내도 다른 방에 들어가자마자 제 아내에게 열변을 토했다.
"저니까 저런 남편하고 지금까지 살고 있지 다른 사람 같았으면 어림없어요. 어쩌다 시어머니와 갈등이 있을 때 하도 속상해서 '당신 누구 편이야?' 하고 물으면 뭐라고 하는지 아세요? '글쎄?' 그런 대답이 어디 있어요? 어머니가 없는 데서 제 마누라 편을 들어주면 어떻게 되나요? 남자라면 새로운 일도 과감하게 도전해 봐야 할 것 아니에요. 세상이 얼마나 빨리 변하는데 새로운 시도는 전혀 하지 않고 늘 하던 대로, 그저 편하게만 살려고 해요. 얼마나 게으른지 알아요? '오늘만 날인가?'라며 할 일을 미루다가 막판에 가서야 겨우 합니다. 그걸 지켜보고 있으면 속이 터진다고요. 밖에 나가서 활동도 좀 하고, 여러 사람들과 어울리면서 세상 살아가는 법을 배워야 하는데 그런 걸 귀찮게만 여긴다니까요."

그 아내는 남편이 얼마나 답답했는지 목에 핏대를 세워서 이야기했다.
"남편이 참 친절하고 온순해 보이더군요."
"너무 온순해서 탈이지요. 남들에게 싫은 소리나 거절을 못해서 그저 하자는 대로 다 해요. 아이들한테 싫은 얘기는 한마디도

하지 않는 거예요. 나 혼자만 아이들에게 야단치고 싫은 소리 하지요. 밖에서는 남의 일을 잘 도와주면서 집에만 오면 손도 까닥하지 않고 그저 소파에 누워서 빈둥거리기만 해요. 모든 것을 제가 다 해주기를 바라지요. 해야 할 일이 많은데도 늘 '오늘만 날인가?' 하면서 미루기만 해요. 결정해야 할 일이 있어도 우유부단해서 되는 것도 없고 안 되는 것도 없는 그저 좋은 게 좋다는 사람이에요."

이 남편과 같은 기질을 '점액질Phlegmatic'이라고 한다. 이 기질은 조용하고 평화로운 것을 좋아한다. 남들과 다투는 것을 싫어해서 자신의 감정을 드러내지 않고 잘 참는다. "글쎄, 아무거나, 언제든지"라는 말을 잘 사용한다. 온순하고 사람을 좋아해서 누구와도 잘 어울린다. 식사도 주는 대로 아무거나 잘 먹고, 불평이나 잔소리를 하지 않는다. 말을 많이 하지 않고 다른 사람의 이야기를 잘 들어준다. "어쩌면 저렇게 친절하고 이해심이 많을까?"라는 말을 들을 정도로 남들에게 얼마나 친절한지 모른다. 남들에겐 잘하면서도 집에서 자녀나 배우자를 위해서는 일하지 않는다. 언제나 느긋하다 보니 목표와 열정이 없는 것처럼 보인다. 그런데 밖에서는 자신의 기질을 전혀 드러내지 않고, 할 일도 미루지 않고 잘한다.

평소 순종적이어서 무엇이든지 잘 들어주지만 한 번 안 된다는 것은 절대로 듣지 않는 고집이 있다. 이 고집은 상대에게 강요하는 것이 아니라 자신이 응하지 않는 것이다. 남들을 잘 이해하고 존중해 주듯이 자신도 이해받고 존중받기를 원한다. 하지만 다그치거나 이것 해라 저것 해라 하면서 시키는 사람을 싫어한다. 특히 남편이 이 기질일 경우 평소 아내의 말을 잘 들어주다가 정도가 지나치다거나 무시당한다는 생각이 느껴지면 폭발을 한다. 화를 내면 도저히 감당할 수 없을 정도로 무섭다. 그래서 평소 온순하다고 해서 함부로 대하면 절대 안 된다.

이 기질은 해야 할 일이 너무 많거나 자신이 책임지고 일을 해야할 때 우울해진다. 다른 사람으로부터 강요받거나 무시당할 때도 감정을 잘 드러내지 않지만 기분이 저조해진다. 불평하거나 화를 내지 않지만 가족과의 대화도 피한다. 이때는 도와줄 테니 함께 노력하자면서 용기를 북돋워 주어야 한다. 그가 말을 할 때는 공감하면서 잘 들어주고, 명령조나 강압적으로 말하면 안 된다.

점액질 배우자와 잘 지내고 싶은가?
자신의 감정을 말하지 않더라도 그 마음을 이해하고 존중해 주어라. 부탁할 때도 부드러운 말로 요청하고, 행동이 느리더라도 다그치거나 몰아붙이지 말고 기다려 주어야 한다. 실수했을 때도 화내거나 소리치지 말고 격려해 주어라. 그렇지 않으면 열등감에 빠지기 쉽다. 의사결정 시는 반드시 의견을 물어서 존중해 주어야 한다.

기질을 이해하고 대응방법을 바꾸어라

많은 사람들은 자신과 반대 기질의 매력에 이끌려 사랑에 빠지고 결혼을 한다. 하지만 얼마 지나지 않아 그 매력의 실체를 알고 나서는 배우자를 '자신처럼' 훌륭한 사람(?)으로 변화시키려고 하면서 갈등을 겪는다.

쾌활하고 즉흥적이며 말을 재미있게 잘 하는 다혈질의 여자가 사려 깊고 진지하고 계획적인 우울질의 남자를 사랑하여 결혼을 했다. 그러나 함께 살아 보니 철저하게 계획적인 남자가 너무 답답하고 고지식해서 재미가 없다. 남자도 쾌활하고 말을 재미있게 잘하는 여자 말의 대부분이 진실성이 없는 거짓말임을 알고는 실망한다.

또 주도적이고 성취력이 대단한 담즙질의 남자는 조용하고 온순한 점액질 여자와 사랑에 빠져 결혼했다. 온순하고 편안해서 좋았던 여자와 함께 살아보니 늘 할 일을 미루고 게을러서 너무나 답답하다. 여자도 추진력 있고 결단력이 있어서 좋았던 남자가 매사 자신을 무시하고 독선적으로 처리하는 것에 상처를 받는다. 그러면서 이들은 결혼 전 매력으로 느꼈던 배우자의 강점을 비난하고 자신의 기질처럼 고치려고 노력한다.

이처럼 정반대 기질끼리 결혼한 부부는 즐거움도 있지만 어려움도 많다. 자신의 강점으로 배우자의 약점을 보완하면 최고의 결혼생활이 될 수 있지만 서로의 강점을 비난하면서 극단으로 흐르면 강점이 모두 약점이 되어 버리고, 결혼생활은 불행해진다.

또한 같은 기질끼리 결혼해도 문제점은 생기기 마련이다. 두 다혈질은 서로 자신의 말을 들어주기를 바라고, 관심을 끌고 싶어 한다. 하지만 즉흥적이어서 생활을 통제할 수 없다. 두 담즙질은 무슨 일이든지 서로 주도하려고 한다. 자기주장이 강하다 보니 자주 부딪힌다. 두 우울질도 모든 일을 완벽하게 처리하려고 하지만 완벽의 기준은 서로 다르다. 두 점액질은 어떤 일이 제시간에 처리되지 않아도 상관하지 않는다. 서로 상대방이 그 일을 할 것이라고 생각한다.

이 경우에도 서로 보완하여 조화를 이루기보다 상대에게 같은 것을 기대하면서 강점이 충돌하여 두 사람의 강점이 모두 약점이 되어 버릴 수 있다.

자신의 기질 입장에서 판단하여 배우자를 변화시키려고 하지 마라. 배우자가 틀린 것이 아니라 자신과 기질이 다를 뿐이다. 그보다는 배우자의 기질을 이해하고 대응방법을 바꾸어야 한다. 그리고 배우자가 강점을 더욱 키울 수 있도록 칭찬하고 격려해라. 그 대신 약점은 고치려고 하지 말고 자신의 강점으로 보완해 주어라. 그럴 때 강점이 많은 부부가 된다.

어떤 기질을 만나더라도 결혼생활이 조화로울 수도 있고, 문제가 일어날 수도 있다. 하지만 서로의 기질을 이해하고 정서적인 욕구를 알게 되면 갈등이나 문제를 피할 수 있다. 그래서 부부는 속마음을 나누는 대화를 해야 한다. 부부 사이의 가장 기본적인 욕구는 대화다. 그 어떤 욕구나 물질적인 보상도 부부간의 의미 있는 대화를 대신할 수 없다. 서로의 기질과 욕구가 무엇인지 분명하게 이야기를 나누어라. 그러면 현재의 욕구와 채워지지 않은 욕구를 알 수 있다.

이와 같은 기질은 타고난 것으로 살면서 거의 바뀌지 않는다. 지금부터 약 2,400년 전 현대의학의 아버지인 히포크라테스가 사람마다 외모, 머리 색깔, 눈동자 색깔, 체형이 다른 것처럼 기질이 다르다는 것을 발견했다. 그는 몸 안에 있는 체액의 양에 따라 기질이 달라진다고 믿었다. 그 후 많은 과학자들의 연구에 의해 기질은 체액과는 상관없이 유전인자의 조합으로 결정된다는 것을 알게 되었다.

  기질은 사교적인 다혈질, 완벽주의 우울질, 주도적인 담즙질, 평화로운 점액질의 4가지로 분류된다. 모든 사람들은 두 가지 이상의 기질적 특성을 함께 가지고 있다. 두 가지 기질의 특성이 균등하게 배합되어 있는 사람들도 있지만 대부분 한 가지 기질이 다른 기질보다 두드러지게 많이 들어 있는데 그것이 자신의 대표 기질이다.

  기질을 알고 나면 자신과 배우자는 어떤 사람인지, 왜 사람들은 각각 독특한지 이해하는 데 도움이 된다. 무슨 일이 일어났을 때, 왜 서로 다른 반응을 보이는지도 이해할 수 있다. 왜냐하면 같은 상황이라도 기질에 따라 다르게 반응한다. 이런 반응은 깊이 생각하거나 미리 준비해서 일어나는 것이 아니라 자연스럽게 순간적으로 일어난다.

  배우자의 기질을 이해하고 대응방법을 바꾸어라.
  강점을 키우고 약점을 보완하는 것이 최상의 부부가 되는 길이다.

〈상황에 따른 기질별 반응〉

상황 \ 기질	다혈질	우울질	담즙질	점액질
대화	큰소리로 과장하고 말이 많음.	논리적으로 차분하게 말함.	사실 중심으로 필요한 말만 단호하게 함.	목소리가 낮고 말수가 적음.
저축	지금 즐겁게 사는 것이 목표. 미래를 위한 저축에 관심 없음.	사전조사를 완벽하게 한 후에 계획적으로 함.	목표 달성을 위해 수익률이 높은 곳으로 자주 옮김.	누군가 대신해서 자신의 저축을 관리해 주길 원함.
물건 구입	충동구매.	사전에 계획을 세워서 그대로.	필요하고 값싼 것으로.	대신해서 구입해 주길 원함.
식사습관	푸짐하고 맛있으면 건강에 상관하지 않음. 오랫동안 즐겁게 먹음.	깨끗하고 위생적이며 영양가를 따져서 건강에 좋은 것으로 소식함.	배만 부르면 됨. 간단한 것으로 빨리 먹음.	음식에 대한 불평이 없고 아무거나 주는 대로 먹음.
다이어트	복장부터 갖추고 최근 유행하는 방법으로 시작하지만 먹는 재미를 절제하지 못해 쉽게 포기함.	치밀하게 계획을 세워 균형잡힌 식사와 지속적으로 끈기 있게 운동함.	신속한 목표달성을 위해 무리하게 추진. 효과 없으면 포기하고 다른 방법을 찾음.	가능하면 미루려고 함. "오늘만 날인가…."
사회활동	다양한 행사에 참여하여 많은 사람들과 어울리는 것을 즐김. 오래도록 즐기려고 함.	소수의 사람들과 조용하고 진지하게 대화하는 것을 좋아함. 많은 사람들과 있으면 기진맥진함.	주도권을 행사할 수 있으면 일을 벌이기를 좋아하고 열정을 쏟음. 활동 목적 달성 시 종료함.	조용한 분위기를 좋아하나 사람들이 원하면 싫더라도 내색하지 않고 참여하지만 열정이 없음.

결혼을 앞둔 자녀에게

상황 \ 기질	다혈질	우울질	담즙질	점액질
대인관계	사교적이라 친구가 많고, 먼저 다가가서 친구를 만든다.	친구가 소수임. 상대방이 다가올 때 예의상 응함.	자신을 따르는 사람을 좋아함. 좋고 싫은 사람이 분명함.	적이 없고 사람들과 잘 어울림.
의사결정	즉흥적.	사실적으로 조사·분석 후 신중하게 결정.	단호하고 신속하게 결정.	우유부단. 대신해서 결정해 주기를 원함.
일 처리	말을 앞세워 큰소리치며 일을 잘 벌이나 마무리를 못함.	책임감을 가지고 완벽하게 처리함.	목표달성을 위해 신속하게 추진. 남을 잘 시킴.	미루거나 대신 처리해 주길 원함.
스트레스 받을 때	쇼핑하거나 밖에서 친구를 만나서 푼다.	혼자 음악 듣거나 집 안에서 일을 찾아 몰입함.	밖으로 나가 운동하거나 할 일을 찾아서 만듦.	걱정하지 않음. TV 시청. 잠을 잔다.
약속시간	시간관념이 없다.	철저하다. 미리 나가서 기다림.	정한 시간에 맞춰서 나감.	시간준수.
자녀양육	원칙 없이 기분 내키는 대로.	원칙을 정해서 일관성 있게.	강압적으로 엄격하게.	편안하고 자유롭게(방임).
모임이나 친구초대와 같은 약속	즉흥적으로.	상대방의 일정 확인 후 세심하고 계획적으로.	혼자 일방적으로 결정하여 통보.	원하는 대로 수용하려고 함.
자동차 접촉사고 났을 때	상대를 향해 큰소리부터 친다.	사고원인을 분석하고 증거확보하기 위해 사진촬영.	신속한 해결을 위해 경찰이나 보험회사에 연락.	어지간하면 그냥 넘어간다.
노래방에서	마이크 독점.	가능하면 하지 않으려고 함.	차례가 될 때 한 곡만 부름.	상대가 원하는 대로.

상황 \ 기질	다혈질	우울질	담즙질	점액질
좋은 생각이 날 때	큰소리로 외침.	메모하고 분석함.	즉시 행동으로 실천.	물을 때까지 기다림.
옷차림	화려하고 튀는 옷.	단정하고 품위 있게.	간편한 것으로 닳도록 입음.	아무 거나 편한 대로.
여유시간에 하는 일	다른 사람의 관심을 끌 수 있는 것을 생각.	계획대로 시간 활용.	일을 찾거나 할 일을 만든다.	휴식하거나 잠을 잔다.
집 안 꾸미기	화려하게 치장하고 질서가 없음.	깔끔하게 정리 정돈.	필요한 것만 단순하게.	꾸미지 않고 편한 대로.
많은 사람들과 걸을 때의 위치	중앙에서 걷는다(모두의 관심을 받기 위해).	친한 사람 몇 명끼리 뒤따라감.	앞장서서 빠르게(나를 따르라).	무리 속에 따라간다.

사랑의 주머니를 채워 주세요

결혼 3주년 때의 일이다. 아내를 기쁘게 해 주려고 장미꽃 다발을 한아름 사서 퇴근했다. 아내가 좋아할 것을 생각하며 현관에 들어설 때까지 얼마나 신났는지 모른다. 현관에 들어서자 아내가 반갑게 맞아주었다.

"여보, 짜잔~" 하며 꽃다발을 내밀었다.

"아니, 꽃이잖아요?" 갑자기 아내 표정이 굳어졌다. 아니 이럴 수가. 내가 상상했던 것과는 정반대였다. 거실 한쪽에다 꽃다발을 내려놓으며 하는 말이 충격적이었다.

"얼마 줬어요? 차라리 돈으로 주지."

너무나 실망한 나머지 그 후로는 아내에게 꽃을 선물하지 않았다. 오랜 세월이 흐른 후 아내가 꽃을 별로 좋아하지 않는다는 사실을 알게 되었다.

사람마다 가장 좋아하는 음식이 다르듯이 사랑을 느끼는 방식도 다르다. 그것을 모르고 사랑을 표현하면 배우자에게 사랑하는 마음이 전해지지 않을 뿐만 아니라 오히려 갈등을 일으키게 된다. 사랑은 표현하는 것만으로는 부족하다. 상대에게 그 마음이 충분히 전해져야 한다. 이를 위해서는 상대가 원하는 방식으로 사랑을 표현해야 한다. 예를 들어, 꽃을 선물 받을 때 사랑을 느끼는 사람에게는 꽃으로 사랑을 표현해야 하고, 칭찬이나 감사의 말을 들을 때 사랑을 느끼는 사람에게는 그 말을 해주어야 한다.

미국의 결혼상담가인 게리 채프먼Gary Chapman은 사람마다 사랑을 느끼고 표현하는 독특한 방식을 '사랑의 언어'라고 말했다. 사랑의 언어는 '인정하는 말, 함께하는 시간, 선물, 봉사, 스킨십'의 다섯 가지로 분류된다.

사람은 태어날 때부터 '사랑의 주머니'를 마음속에 가지고 있다. 그 주머니에 일정 수준 이상으로 사랑이 들어있어야 정서적으로 안정된다. 그 주머니는 어릴 때는 부모가 채워 줘야 하고, 결혼 후에는 배우자가 채워 줘야 한다. 한 번 채워 주었다고 그대로 유지되지 않는다. 늘 점검하여 일정 수준 이상으로 사랑을 채워 주어야 한다.

사랑의 주머니가 가득 차 있어야 부부 사이가 친밀해져서 결혼생활이 안정된다. 하지만 배우자의 사랑의 주머니가 텅 비게 되면 결혼생활에 위기가 올 수 있다. 그 주머니는 배우자의 사랑의 언어로만 채워질 수 있다. 행복한 결혼생활을 위해서는 자신과 배우자의 사랑의 언어를 이해하고 표현하는 방법을 익혀야 한다.

인정하는 말

칭찬, 격려, 감사, 다정한 말, 용서하는 말, 겸손한 말.

스킨십

머리나 볼을 만짐, 귀를 만짐, 포옹, 입맞춤, 손잡는 것, 팔짱 낌, 성관계

함께하는 시간

진정한 대화, 여행, 영화, 연극, 운동, 산책, 외식, 취미 등을 함께하는 것.

사랑의 언어

봉사

설거지, 청소, 요리, 아이 돌보기, 세탁 등과 같이 육체적으로 돕기.

선물

꽃, 보석, 옷, 책, 핸드백, 화장품, 인형 등.

인정하는 말

얼마 전 결혼한 지 2년 된 S씨가 찾아왔다. 아무리 말을 해도 들은 척도 않는 남편 때문에 속상해 죽겠다고 했다.

"한 달 전부터 남편에게 자동차 와이퍼를 교체해 달라고 말했는데, '알았다'고만 할 뿐 해주지 않아요. 지난 일요일에는 하루 종일 TV를 보면서도 교체해 주지 않아서 얼마나 화가 났는지 몰라요."

"그래서 어떻게 했어요?"

"남의 일은 그렇게 잘 해주면서 왜 내 말은 들은 척도 않는 거야? 와이퍼 갈아주는 게 그렇게 힘들어! 이렇게 소리치며 화를 냈죠."

"그랬더니 와이퍼를 교체해 주던가요?"

"천만에요, 결국 심하게 싸우고 말았답니다."

"남편은 와이퍼를 교체해 달라는 건 알고 있습니까?"

"물론이죠. 그동안 수십 번도 더 말했거든요."

"혹시 남편이 다른 집안일은 잘 도와주나요? 심부름을 해주거나, 집안청소를 해주거나, 아이를 돌봐주는 것과 같은?"

"가끔 해주기도 하죠."

"그럼, 두 가지만 부탁할게요. 첫째, 앞으로 와이퍼를 교체해 달라는 말은 절대로 하지 마세요. 이미 알고 있기 때문에 더 이상 말할 필요가 없거든요. 둘째, 남편이 집안일을 조금이라도 도와주었을 때는 진심으로 '여보, 고마워요! 참 잘했어요!'라고 말하세요. 그렇게 할 수 있겠죠?"

"할 수야 있지만 그렇게 말하는 게 와이퍼 교체해 주는 것과는 무슨 상관이 있나요?"

"네, 있어요. 틀림없이 얼마 지나지 않아 와이퍼를 교체해 줄 거예요."

"정말이에요?"

S씨는 그렇게 하겠다는 약속을 하고 돌아갔다.

일주일 후 그녀는 활짝 웃으면서 우리를 찾아왔다.

"무슨 좋은 일이라도 있으세요?"

"어제 남편이 자동차 와이퍼를 드디어 교체해 주었어요. 요즘 집안일도 얼마나 잘 도와주는지 몰라요. 너무 신기해요. 그동안 남편이 제 부탁을 잘 들어주지 않아 사랑이 시들었나 싶었거든요. 이제 남편 마음을 움직이는 방법을 알았어요, 정말 고맙습니다!"

S씨는 우리 부부에게 몇 번이나 고맙다는 인사를 했다.

S씨 남편의 사랑의 언어는 '인정하는 말'이다. 그는 아내의 칭찬이나 감사의 말을 듣게 되자 기분이 좋아져서 아내의 부탁을 들어주었다. 아내는 그동안 남편에게 비난과 잔소리만 했다. 남편은 그 말이 너무나 싫은 나머지 아예 아내 말을 들으려고 하지 않았다. 하지만 아내의 "참 잘했어요! 고마워요!"와 같은 칭찬과

감사의 말을 듣자 마음이 움직였다.

　사랑의 언어가 '인정하는 말'인 사람에게는 칭찬과 감사의 말이 좋아하는 음식과 같다. 이들은 "참 잘했어요! 역시 당신이에요!"와 같은 말로 칭찬 받을 때 살맛 나고, 에너지가 솟고, 사랑을 느낀다. "수고했어요! 고마워요!"와 같은 말을 들을 때도 마찬가지다. 실수나 실패했을 때도, "괜찮아요! 난, 당신을 믿어요! 당신은 꼭 해낼 거예요!" 와 같은 격려의 말을 들을 때 사랑을 느낀다. 그러나 이들에게 가장 큰 상처를 주는 것은 비난, 비판, 비교하거나 무례하게 지적하는 말이다. 이런 말을 들으면 자존감이 무너지고 사랑의 주머니가 한순간에 텅 비어 버린다.

　사랑의 언어가 '인정하는 말'인 배우자에게는 말과 글(편지, 문자, e메일, 카드 등)로써 사랑의 주머니를 채울 수 있다. 칭찬, 격려, 감사와 같은 긍정적인 말을 자주 하라. 하지만 이들에게 가장 큰 상처를 주는 것도 말과 글임을 명심하라.

함께하는 시간

　얼마 전 동네 공원에 갔을 때다. 한 젊은 부부가 손을 잡고 산책을 했다. 잠시 후 전화가 걸려오자 남편은 아내 손을 잡고 걸으면서 통화를 했다. 남편의 통화가 제법 길어지자 화가 난 아내는 남편의 손을 뿌리치고 가버렸다. 그제서야 그 남편은 통화를 끊고 아내를 부르며 달려갔다.

이 남편은 아내 손을 잡고 함께 걸었지만 마음은 통화에 집중하고 있었기 때문에 '함께하는 시간'이 아니었다. '함께하는 시간'은 시간을 함께 보내거나 같은 공간에 함께 있는 것이 중요하지 않고, 서로에게 관심을 집중시켜서 무언가를 함께하는 것을 말한다.

예를 들어, 아내가 이야기하는데 남편은 TV를 보거나 신문을 읽으면서 건성으로 듣는다면 함께한 것이 아니다. 배우자가 말할 때는 하던 일을 멈추고, 눈을 바라보면서 온전히 집중해서 들을 때 '함께하는 시간'을 가졌다고 할 수 있다. 배우자와 음악회나 영화관에 함께 갔더라도 졸았다면 함께했다고 할 수 없다. 산책을 함께 나섰더라도 앞뒤에서 말없이 걸었다면 이 역시 함께했다고 할 수 없다. 식사를 같이 하더라도 아무 말 없이 식사만 하는 경우도 마찬가지다.

'함께하는 시간'은 상대에게 온전히 관심을 집중시키는 것이다. 이 말이 사랑의 언어인 사람은 배우자와 대화하는 것을 좋아한다. 대화는 자신의 말에 배우자가 공감하며 잘 들어주는 것을 말한다. 마주 앉아 바라보면서 서로의 속마음을 나눌 때 사랑을 느낀다. 외출하거나, 시장을 가거나, 언제 어디라도 배우자가 함께할 때 사랑을 느낀다. 하지만 이 사람은 혼자 있는 것을 두려워한다. 부부싸움을 하더라도 각방을 쓰거나 집을 나가면 안 된다. 집에 있으면서 필요한 말 외에는 하지 않거나 취미나 운동을 따로따로 하면 상처를 받는다.

배우자의 사랑의 언어가 '함께하는 시간'이라면, 배우자의 이야기에 공감하며 잘 들어주고, 언제, 어디라도 동행하라. 하지만 배우자를 홀로 두거나 외롭게 하지 말아야 한다.

선 물

지난해 어느 기업체에서 강의가 끝난 후 한 남자직원이 상담을 요청했다.

"아내는 선물을 너무 좋아해서 큰일입니다. 스트레스를 받거나, 부부싸움을 하거나, 힘들어 할 때마다 선물을 줘야 되거든요."

"그래요? 주로 무슨 선물을 하세요?"

"액세서리, 스카프, 옷 등 아무튼 선물이라면 뭐든지 다 좋아해요."

"아내는 다른 사람에게도 선물을 잘합니까?"

"네, 다른 사람에게도 많이 하죠. 양가 부모님, 형제, 친구들에게 선물하느라 얼마나 지출이 많은지 모릅니다. 자신이 선물을 좋아하니까 다른 사람도 좋아한다고 생각하는 것 같아요."

이 아내의 사랑의 언어는 '선물'이다. 선물은 이 아내에겐 사랑의 증거다. 선물은 눈에 보이는 사랑의 징표다. 그 징표로 가장 대표적인 것이 '결혼반지'다. 사랑의 언어가 '선물'인 사람은 결혼반지에 굉장한 의미를 부여하여 자랑스럽게 끼고 다닌다. 배우자가 준 선물은 그 어떤 것이라도 사랑의 표현으로 생각한다. 이들에게 선물의 값이 얼마인가는 그리 중요하지 않다. 돈을 주고 산 것이든, 직접 만든 것이든 선물은 눈에 보이는 사랑의 상징이니까. 선물에는 꽃, 보석, 옷, 넥타이, 스카프, 책, 핸드백, 화장품, 초콜릿, 사탕 등이 있다. 선물은 이들의 삶에서 매우 중요하다.

배우자의 사랑의 언어가 '선물'이라면, 가끔 하는 값비싼 선물보다 작은 것이라도 정성이 담긴 선물을 자주 하라. 이들은 의미 있는 날에 선물을 받지 못하면 큰 상처를 받는다는 것을 잊지 마라.

봉사

얼마 전 부부 세미나에 참석했던 한 부부가 찾아왔다. 결혼 전에는 남편이 집안일을 다 도와주겠다고 약속을 했는데 결혼한 지

3년이 된 지금은 남편이 거의 도와주지 않는다고 한다.

아침에 출근하면서 아이를 맡기고, 퇴근하면서 데려와서 씻겨서 재운 후 집안일 하느라 얼마나 힘든지 모른다. 아침과 주말만이라도 남편이 육아와 집안일을 도와주면 좋겠는데 잘 도와주지 않는다. 여러 번 화를 내고 소리쳐야 마지못해 들어준다. 평일에도 남편은 회사 일이 많아서 그런지 매일 밤 11시쯤에 지쳐서 들어온다. 아침에는 늦게 일어나서 혼자 출근하기도 바빠 허둥댄다. 주말에도 늦게 일어나서는 컴퓨터 앞에 앉아서 빈둥거린다. 그런 남편의 모습에 너무 화가 나서 소리치면 부부싸움으로 이어진다.

그 남편에게 집안일을 도와주기로 한 결혼 전 약속을 왜 지키지 않는지 물어보았다.

결혼 초에는 회사 일이 바쁘더라도 집안일을 열심히 도와주었다. 그런데 아내는 칭찬이나 고맙다는 말은 한 번도 하지 않고 항상 제대로 하지 못했다면서 잔소리를 한다. 해주고도 늘 잔소리를 듣게 되자 집안일을 하고 싶은 마음이 사라져 버렸다. 지금도 주말에는 집안일도 도와주고 아이를 돌봐 주지만, 아내는 여전히 잔소리만 한다. 그래서 집안일 하기가 너무 싫다.

이들에게, 각자 서로에게 바라는 것을 3가지씩 쓰게 했다. 아내는, 아침에 아이를 챙겨서 돌봐주는 집에 데려다 주고 출근할 것, 주말마다 집안을 대청소해 줄 것, 주말에 설거지해 줄 것이었다. 남편은, 함부로 말하지 말고 존중해 줄 것, 잔소리나 비난보다 칭찬하고 인정해 줄 것, 명령조로 말하지 말 것이다. 그것을 바꾸어 읽은 후 대화를 하게 했다. 그제서야 그동안 왜 그렇게 힘들었는지 알았다면서 서로 원하는 것을 들어주기로 약속했다.

이 부부의 사랑의 언어는, 남편은 '인정하는 말'이고 아내는 '봉사'다. 아내가 남편에게 바라는 것은 모두 집안일을 도와주고, 아이를 돌봐주는 육체적인 활동이다. 사랑의 언어를 모르는 남편은 아내가 원하는 것을 해주지 않아 아내의 사랑의 주머니를 채워 주지 못했다. 아내 역시 남편이 싫어하는 비난과 잔소리를 함으로써 남편의 사랑의 주머니를 텅 비게 만들었다. 이들은 사랑의 주머니가 텅 비게 되면서 서로 비난하고 싸웠다.

'봉사'란 배우자가 원하는 것을 도와주거나 무언가를 함으로써 사랑을 표현한다. 요리하기, 청소하기, 설거지하기, 쓰레기 버리기, 아이 돌보기, 세탁하기 등과 같이 육체적으로 배우자를 돕는 활동이다. 생각할 필요 없이 그때그때 하면 되는 단순한 활동도 있고, 깊이 생각하고 계획을 세워서 노력을 기울여야 하는 활동도 있다. 중요한 것은 배우자를 사랑하는 마음이 우러나오는 활동이라야 한다.

'봉사'가 사랑의 언어인 사람은 배우자에게 요구를 많이 한다. 이들은 배우자가 자신의 일을 기꺼이 해줄 때 사랑을 느낀다. 하지만 배우자가 도와주지 않으면 불평이나 요구가 늘어난다. 그런 요구나 불평을 좋아하는 사람은 없다. 마지못해 배우자가 요구하는 것을 들어줄 수는 있어도 그건 사랑의 감정에서 나오는 행동이 아니다. 배우자가 사랑하는 마음으로 기꺼이 도와주기를 바란다면 불평이나 요구보다는 정중하게 부탁을 하라. "~좀 해줄래요. ~좀 도와주면 좋겠어요. ~좀 부탁할게요"와 같이.

이들은 어릴 때부터 사랑을 많이 받고 자라서 남을 돕는 것을 매우 기쁘게 생각하는 사랑이 많은 사람이다

배우자의 사랑의 언어가 '봉사'라면, 평소 무엇을 도와주기를 원하고, 힘들어하는지 관심을 갖고 살펴라. 그 일을 기쁜 마음으로 도와줄 때 사랑의 주머니가 채워진다. 하지만 배우자의 요구를 거절하면 상처를 입게 되고, 사랑의 주머니는 텅 비게 된다.

스킨십

지난 해 부부 세미나 중 유난히 손을 잘 잡고 다니는 결혼 3년차 부부가 있었다.

"집에서도 그렇게 애정 표현을 잘 하세요?"

"그럼요, 남편은 집에서도 자주 뽀뽀해 주고 안아 줘요."

"남편이 그렇게 해줄 때 기분이 어떠세요?"

"사랑을 듬뿍 느낄 수 있어서 참 좋아요!'

그런데 아내가 잠깐 화장실에 간 사이에 그 남편이 어려움을 털어놓았다.

"아내 때문에 얼마나 힘든지 몰라요. 전 그런 체질이 아니거든요. 그런데 아내가 스킨십을 정말 좋아합니다. 평소 걸을 때도 팔짱을 끼거나 손을 꼭 잡아야만 해요. 만약 손을 잡지 않으면 사랑이 식었다며 야단입니다."

"혹시 자녀는 없나요?"

"세 살 된 딸 하나 있습니다."

"딸은 어떤가요?"

"아내와 똑같습니다. 조금도 떨어지려고 하지 않아요. 퇴근하면 마치 딱정벌레처럼 착 달라붙어서 '아빠, 목마 태워 줘, 뽀뽀해 줘, 업어 줘'라며 제 꽁무니만 따라다니죠. 아내와 딸 때문에 얼마나 시달리는지 모릅니다. 그러나 오늘 강의를 들으면서 아내와 딸이 왜 그러는지 알았습니다. 앞으로 스킨십을 더 많이 해주려고 합니다."

"네, 아내와 딸의 사랑의 언어가 '스킨십'이군요?"

우리 몸은 사랑을 느끼는 가장 원초적이고 기본적인 수단이다. 살갗이 서로 닿을 때 사랑이 느껴진다. '스킨십'은 손을 잡거나, 포옹을 하거나, 키스를 하거나, 성관계를 하는 것처럼 부부 사이에서 가장 강렬하게 사랑을 표현하는 방법이다. 이들에게 사랑을 표현할 수 있는 방법은 다양하다. 설거지하고 있을 때 등 뒤에서 살며시 안아주거나, 지나치면서 엉덩이나 볼을 살짝 건드리기만 해도 사랑을 느낀다. TV를 보거나 함께 앉아 있을 때 손을 살짝 대기만 해도 사랑이 느껴진다.

집을 나설 때나 돌아와서도 가벼운 키스나 포옹으로 사랑을 전할 수 있다. 잠들기 전 피로가 쌓인 어깨를 주물러 주거나 다리를 안마해 주는 것도 사랑의 표현이다. 성관계가 배우자의 사랑의 언어라면 성생활 만족도를 높이기 위해 대화할 때도 사랑을 느낀다. 이들은 말할 때 상대방을 잘 만진다. 웃을 때도 그냥 웃지 않고 곁에 있는 사람들을 막 때리면서 웃는다. 울 때도 그냥 울지 않고 옆 사람에게 비비면서 운다. 하지만 이들이 꼭 알아야 할 것은, 내가 좋다고 남들도 좋아하는 것이 아니라는 것이다.

배우자의 사랑의 언어가 '스킨십'이라면, 만날 때마다 얼른 손을 잡거나 포옹하면서 사랑을 표현해야 한다. 기회가 될 때마다 스킨십을 하라. 하지만 배우자가 때리거나 손을 잡으려고 할 때 절대 뿌리치지 마라. 그때 배우자는 심한 상처를 받는다.

Do it now!

- 우리는 남자와 여자로서 어떤 점이 서로 다른지 알아보자.

- 서로의 기질과 그 기질의 강·약점이 무엇인지 찾은 후에 대화하자.

- 서로 사랑의 언어는 무엇인지 찾아보고 대화하자.

Chapter 3

시너지 효과를 만드는
아름다운 소통

어제 뿌린 말의 씨앗이 오늘의 나를 만들고,
오늘 뿌린 말의 씨앗이 내일의 나를 만든다.

가사분담은 반드시 반반으로(?)

　요즘 맞벌이 부부가 많다 보니 가사분담이 부부갈등의 주요 원인이 되고 있다. 상담한 아내들 중 맞벌이의 경우, 남편이 집안일을 도와주지 않아서 매우 힘들다는 내용이 많다. 강의장에서도 맞벌이하는 아내들에게, 남편이 집안일을 잘 도와주는지 물어보면 고개를 절레절레 흔든다. 남편에 대한 불만은 주로 다음과 같은 내용이다.

　"집안일은 여자가 해야 할 일이라면서 시간 날 때 도와주겠다고 한다. 여러 번 말해야 마지못해 도와준다. 평일에는 야근이나 회식하느라 늦게 들어오고, 주말에는 피곤하다며 잠만 잔다."

　다 같이 일하는데 집안일을 혼자 도맡게 되니 억울하고 화가 나는 것은 당연하다. 지친 몸으로 퇴근해서 쉴 새 없이 일하다 보면 힘도 들고 스트레스가 쌓이면서 자주 싸우게 된다.

그래서 맞벌이 아내를 둔 남편들을 만날 때마다 왜 집안일을 잘 도와주지 않는지 물어본다. 아니나 다를까 그들 역시 아내에게 불만이 많았다.

"열심히 집안일을 도와주었는데도 항상 제대로 하지 않았다며 잔소리를 한다. 명령조로 하는 말투가 기분 나쁘다. 아무리 도와줘도 당연한 줄 안다. 막상 어떻게 도와줘야 할지 잘 모르겠다"라는 대답이 대부분이었다.

이처럼 많은 맞벌이 부부들은 집안일로 갈등하고 있다.

가정은 부부가 공동대표로서 함께 경영하는 조직이다.

조직은 구성원의 업무가 명확하고 책임소재가 분명해야 한다. 가정도 부부의 역할분담이 명확해야 경영을 잘할 수 있다. 특히 집안일은 아내가 팀장이 되어 팀원인 남편에게 역할분담을 명확하게 하여 각자 책임감을 가질 수 있도록 리더십을 발휘해야 한다.

그러면 가사분담을 어떻게 하면 될까?

예비부부는 결혼을 준비하면서 미리 가사분담표를 만들어라. 집안일을 구체적으로 조사한 후 두 사람의 역할을 명확하게 정한다. 각자 소질이 있는 분야를 전담하되, 집안일에 서투른 남편이 할 수 있는 일을 우선적으로 배정한다. 점차 익숙해지면 점진적으로 전담분야를 늘려가면 되니까.

이미 결혼한 경우는 먼저 남편과 가사분담에 대해 진지한 대화가 있어야 한다. 그동안 남편이 집안일에 무관심하였고, 말해도 통하지 않을 것이라는 생각으로 혼자 참는 경우가 많다. 남편에 대한 선입견을 버리고 속마음을 솔직하게 터놓고 대화할 기회를 마련하라.

절대 따지거나 자존심을 긁지 말고, 남편을 이해하려는 마음으로 다가가야 한다. 그동안 집안일로 얼마나 힘들었는지, 바라는 일이 있는데 도와줄 수 있는지, 요구가 아니라 진지하게 부탁을 한다. 남편은 자신이 존중받고 있다고 느끼면 아내를 도와주고 싶은 마음이 일어난다. 남편이 긍정적인 반응을 보이면 진심으로 고맙다는 말과 사랑을 표현하면서 가사분담표를 만들자고 한다.

"여보, 이왕이면 가사분담표를 만들어서 회사 일처럼 한번 해봐요. 내가 더 잘할게요"라면서 구체적으로 역할을 분담한다. 우선 남편이 할 수 있는 것을 선택하게 하여 책임감을 가질 수 있게 한다. 그런 후 점차 전담분야를 넓혀 가면 된다.

가사분담표를 만들 때 습관을 개선해야 할 일과 의무적으로 해야 할 일을 분리하라. 무심코 하던 잘못된 습관을 고침으로써 집안일을 줄일 수가 있다.

예를 들어, 입고 난 속옷이나 양말을 벗어서 아무데나 던져놓는 것, 쓰고 난 수건을 욕실바닥에 그대로 두는 것, 목욕 후 욕실 바닥의 물기를 닦지 않고 나오는 것, 식사 후 자기가 먹은 그릇과 수저를 싱크대로 옮겨 놓지 않는 것 등은 습관을 고쳐야 하는 일로써 집안일과는 상관이 없다. 이와 같은 잘못된 습관은 미리 정할 수도 있으나 부부가 살면서 의논해서 고치면 된다.

내 주위에 늘 신혼처럼 알콩달콩 예쁘게 살아가는 결혼한 지 3년 된 젊은 부부가 있다. 맞벌이를 하면서 집안일도 힘들이지 않고 부부가 함께 잘하고 있다.

아내가 식사를 준비하면 남편은 식탁을 닦고, 수저를 놓는다. 그리고 식사 후엔 설거지를 한다. 아내가 세탁기를 돌리면 남편은 빨래를 꺼내서 넌다. 남편이 청소기를 돌리면 아내는 걸레로 구석구석을 닦는다. 이처럼 한 사람이 집안일을 하면 다른 사람도 연관되는 일을 해서 빨리 끝낸다. 함께 일하고 함께 쉬는 것이 이 부부의 모토다.

또, 남편이 실수했거나 일을 잘못 했을 때도 비난이나 잔소리를 하지 않고 "괜찮아, 자기야! 그럴 수도 있어. 내가 할게"라며 격려한다. 남편에게 도움 받고 싶을 때도 애교스러운 목소리로 부탁을 한다. "자기야! 지금 나 반찬하고 있는데 세탁기 좀 돌려줄래? 세제를 넣은 후 일반으로 해야 돼, 부탁해용!"라고 한다. 그러다 보니 남편은 아내를 힘들지 않게 하려고 집안일을 찾아서 한다.

이 부부가 집안일을 갈등 없이 이렇게 잘할 수 있는 건 아내에 대한 남편의 배려도 컸지만, 아내의 지혜 덕분이다. 남편이 집안일을 하고 나면 아내는 반드시 칭찬을 했다.

"자기야, 참 잘했어! 고마워! 자기가 청소하니 화장실이 얼마나 깨끗한지 몰라. 고마워!"

이들에게 집안일은 함께해야 할 '우리 일'이기 때문에 굳이 나눌 필요가 없다. 특히 아내는 언제 어디서나 남편을 존중하고, 다른 사람들에게 남편이 집안일을 잘 도와준다면서 남편 자랑을 한다.

남자는 여자 하기 나름이다.

평소 집안일을 해보지도, 하는 것을 보지도 못한 남편에게 집안일을 도와주지 않는다고 불평하고 잔소리해 봐야 아무 소용이 없다. 집안일을 잘 도와주는 자상한 남편을 원한다면 그런 남편으로 길들이는 것이 현명한 아내다. 특히 집안일에 대해서 남편은 아직도 '아이'와 같다.

첫째, 부드러운 말로 부탁하라. 흔히 맞벌이 아내들은 다 같이 직장생활 하는데 가사도 당연히 함께해야 한다는 생각으로 "~해라, ~해야 할 거 아냐?"라는 식으로 남편에게 당당하게 요구하거나 명령조로 말한다. 그러면 남편은 권위가 무시당했다고 생각하기 때문에 도와주고 싶은 마음이 사라진다. 그보다는 아이에게 가르치듯 부드러운 말로 구체적으로 부탁하라. 그렇지 않고 막연하게 세탁기에 있는 빨래를 꺼내서 널어달라고 하면, 남편은 그냥 구겨진 채로 널어놓고 만다.

남자는 뇌 구조상 직감이 뛰어난 여자처럼 척척 알아서 하지 못한다. 남편이 집안일을 하지 않는 경우는 아내에 대한 관심이 없거나, 사랑이 없어서가 아니라, 무엇을, 어떻게 해야 할지 몰라서 못하는 경우가 대부분이다.

둘째, 실수하더라도 절대 비난하지 말고 격려하라. 남자는 대체적으로 집안일에 서투르고 실수를 잘한다. 한번 이야기해도 그대로 하지 못한다. 마음에 들지 않아 잔소리가 목구멍까지 올라오더라도 격려하면서 익숙해질 때까지 참고 기다려야 한다. 만약 짜증을 내거나, 잔소리하면 다시는 집안일을 하지 않을 것이다.

셋째, 보상을 하라. 남편이 집안일을 하고 나면 반드시 칭찬과 감사의 말로 보상을 하라. 달콤한 칭찬과 고맙다는 말 한마디가 무뚝뚝한 남편도 춤추게 만든다. "당신이 다림질해 줘서 정말 고마워!" "설거지를 나보다 훨씬 더 깨끗하게 잘했네. 고마워, 여보!" "화장실이 어쩌면 이렇게 깨끗할까, 정말 고마워!"

다른 사람들 앞에서도 가끔은, "우리 남편이 집안일을 잘 도와줘서 얼마나 고마운지 몰라요!"라고 추켜세워라. 남자는 과정보다 결과를 중시한다. 자신이 한 일에 대해 인정받으면 아내를 위해서 집안일을 더 잘하고 싶은 욕구가 일어난다.

아내 역시 남편 하기 나름이다.

많은 남편들은 집안일에 익숙하지 않아서 아내에게 미루려고 하지만 아내도 집안일이 서투르긴 마찬가지이다. 거기다 맞벌이 하면서 집안일까지 혼자 책임진다면 아내는 육체적·정신적으로 매우 힘이 든다. 아내가 집안일로 지쳐서 스트레스를 받는다면 가정이 행복할 수 없고, 직장생활도 힘들 수밖에 없다. 남편 역시 아내와의 갈등으로 집안이 편안하지 않기 때문에 직장생활에 전념하기가 어렵다.

아내가 전업주부라도 마찬가지다. 집에서 노는 것 같지만 해도 해도 끝이 없는 게 집안일이다. 집안일이 얼마나 힘들고 어려운지, 아내 마음을 이해해 주면서 진정으로 감사의 마음을 표현하라. 가사분담으로 인한 부부갈등의 바닥에는 남편으로부터 이해 받고 싶고, 위로 받고 싶은 아내의 마음이 깔려 있다. 그 마음을 알아주고 보듬어 주어라. 그럴 때 부부갈등은 사라진다.

아무리 가사분담을 명확히 하였더라도 제대로 실행하기 위해서는 집안일의 팀장인 아내의 리더십이 매우 중요하다. 잔소리나 강요가 아니라 솔선수범하면서 적절한 동기부여와 보상이 남편의 책임감을 불러일으킨다.

어떤 경우라도 가사분담의 목적을 잊지 마라. 행복한 가정을 위해서 맞벌이도 하고, 집안일도 한다. 공평한 가사분담을 고집하다 부부갈등이 심해지면 빈대 잡으려다 초가삼간 태우는 격이 된다. 가사분담도 중요하지만 집안일 자체를 줄이기 위해 지혜를 모으는 대화가 더 중요하다. 예를 들면, 청결에 대한 기준을 낮추고, 식사준비는 간편하게, 일의 우선순위와 시간 조절 등이다.

공평한 가사분담은 양이 아니라 함께하는 책임이다.
가사분담으로 인한 갈등은 마음을 열고 대화하면 반드시 해결할 수 있다.

의사소통의 달인은 듣기의 달인

"선생님, 남편과는 대화가 되지 않아요. 제가 무슨 이야기를 꺼내면 남편은 몇 마디 듣지 않고 충고하거나 막아 버려요. 제 얘기를 끝까지 들어준 적이 한번도 없어요. 며칠 전에는 시어머님과 너무 속상한 일이 있어서 혹시나 하고 이야기했더니 버럭 화내면서 아예 들으려고 하지 않았어요. 어떻게 하면 남편과 대화를 잘할 수 있을까요?"

결혼 2년 차 아내의 사연이다. 연애시절에는 무슨 얘기를 해도 남편은 잘 들어주었는데 결혼하고 3개월쯤 되었을 때부터 이야기하면 중간에 개입해서 "이건 네가 잘못했네, 왜 그렇게 했어?"라며 가르쳤다. 답답해도 참았지만 갈수록 심해지면서 자주 싸우게 되었다. 이제는 서로 꼭 필요한 말 이외는 하지 않고 지낸다.

그러다 몇 달 전부터 회사의 남자동료와 마음속 이야기를 나누고 있다. 그 동료는 같은 팀의 선배로서 업무적인 이야기는 물론 남편과 나누지 못한 개인적인 이야기까지 공감하며 들어주어서 얼마나 고마운지 모른다. 그 동료도 아내가 있기 때문에 서로를 이성으로 생각하는 사이는 아니다. 단지 배우자와 나누지 못하는 속마음을 서로 나누면서 위안 받는 직장동료일 뿐이다.

가장 친밀해야 할 부부 사이에 대화가 되지 않아 직장 동료와 속마음까지 나누는 모습이 매우 안타깝다. 이들의 관계가 오피스 스파우즈office spouse다. 실제 부부나 연인관계는 아니지만 배우자보다 더 친밀하게 지내면서 속마음을 터놓는 이성동료를 말한다. 기혼 남자들이 아내보다 더 친밀하게 지내는 여자동료를 '오피스 와이프office wife', 여자의 남자동료를 '오피스 허즈번드office husband'라고 한다.

얼마 전 한 조사에 의하면, 남자는 57%, 여자는 32%가 오피스 스파우즈를 두고 있다. 물론 직장동료로서 업무적으로나 개인적인 대화를 나누다 보면 서로에게 도움이 될 수 있다. 하지만 부부 사이에서 대화가 되지 않아 오피스 스파우즈에게 의존한다면 불행으로 이어질 수도 있다. 아무리 친한 직장동료라도 부부 사이의 친밀감은 느낄 수 없다. 부부관계의 핵심은 친밀감이다. 그 친밀감은 부부 사이에 대화가 잘 될 때 형성된다.

부부 사이의 대화는 인체의 혈액과 같다.

혈액순환이 잘 되어야 몸이 건강하듯 대화가 원활해야 부부 사이가 원만하고 친밀해진다. 대화는 부부 사이를 이어주는 생명선이다. 부부 사이에 대화가 잘 되면 어떤 문제나 어려움도 함께 극복할 수 있다. 하지만 부부 사이에 대화가 안 되면 부부관계에 위기가 닥쳐온다.

이와 같은 대화의 근본은 말하는 것이 아니라 듣는 것이다. 대인관계가 좋거나 설득력이 탁월한 사람은 말을 능숙하게 잘하는 사람이 아니라 상대방의 말을 귀 기울여 듣는 사람이다. 부부 사이도 그렇다. 배우자가 내 말을 귀담아 잘 들어줄 때 존중받고 이해받는다고 느껴지면서 사랑하는 마음이 생긴다. 친밀한 부부는 배우자의 말을 공감하며 잘 들어준다. 배우자와 대화를 잘하기 위해서는 입이 아니라 두 귀를 활짝 열어놓아야 한다.

10여 년 전 우리 부부에게 코치 받은 후 부부관계가 친밀해진 한 부부가 있다. 처음 만났을 때 이 부부는 대화가 되지 않아 매우 심각한 상황이었다. 이들은 사소한 이야기로 시작한 대화가 항상 심한 감정싸움으로 끝을 맺었다. 그 원인은 말할 때 도중에 끼어들어 서로 말꼬리를 잡거나 자기 이야기만 할 뿐 상대의 말을 들으려고 하지 않는 데 있다.

이들에게 대화의 '시소게임'을 훈련시켰다. 시소게임이란, 한

사람이 말하는 동안 상대는 절대 끼어들지 않고 끝까지 귀 기울여 듣게 하는 것이다. 한 사람이 배우자에게 하고 싶은 이야기를 10분 동안 말하면 상대방은 그저 귀 기울여 듣는다. 그리고 나서 역할을 바꾸어서 몇 차례 반복했다. 그렇게 한 후 각자 무엇을 알았고, 느꼈는지를 서로 나누었다. 그렇게 몇 주간 훈련시킨 결과 놀라운 일이 일어났다. 그동안 서로에 대해 잘 모르고 오해한 것이 참 많았다는 것을 알게 되었다. 또 배우자가 얼마나 자신을 사랑하는지도 알게 되었다면서 그동안 말을 들어주지 않고 중간에 끊어서 정말 미안하다며 서로 용서를 구했다.

이렇게 배우자의 이야기를 끝까지 듣게 되니 더 이상 싸울 일이 없어졌다. 이들은 배우자에게 하고 싶은 이야기가 있을 때는 '시소게임'으로 대화를 한다. 이제는 배우자가 말할 때 중간에 끼어들지 않고 귀 기울여 듣는 대화습관이 형성되었다. 이처럼 배우자의 말을 잘 들어주면 부부싸움도 없어지고 친밀한 부부가 된다.

그렇다면 어떻게 들어야 잘 듣는 것일까? 배우자가 말할 때 귀 기울여서 그저 묵묵히 듣기만 하면 될까? 아니다. 아무리 말을 잘하는 사람도 상대가 반응 없이 그저 듣기만 하면 맥이 빠진다. 흥미를 가지고 제대로 듣고 있는지 전혀 알 수가 없으므로 눈과 귀를 집중해서 공감하며 들어야 한다.

배우자의 속마음을 잘 이해하기 위해서는, 귀로는 말하는 내용을, 눈으로는 배우자의 억양, 동작, 제스처, 표정 속에 담겨 있는 말하지 않는 내용을 읽으면서 듣는다. 공감하며 잘 듣고 있다는 반응인 '맞장구'를 쳐야 한다. 맞장구는 대화의 윤활유다.

"그럼, 정말, 그렇지, 맞아, 그래서, 그렇구나, 속상했겠네, 우와" 하면서 눈을 크게 뜨거나 고개를 위아래로 끄덕이면서, 때로는 무릎을 치면서 보내는 맞장구는 말하는 사람의 기분을 최고로 좋게 만든다. 이때 말하는 사람과 눈을 떼면 안 된다. 시선을 잠깐이라도 다른 곳으로 돌리면 그 사이에 다른 생각이 들어와서 듣는 것을 방해한다. 물론 말하는 사람도 배우자가 자신의 말에 집중해서 듣지 않는다는 것을 알게 되어 흥이 떨어진다.

공감하며 잘 듣기 위해서는 반드시 눈을 맞추고 고개를 끄덕이며 맞장구치면서 들어라. 그렇다고 모든 맞장구를 말로 해야 되는 것은 아니다. 미소를 보내면서 고개를 끄덕이기만 해도 말하는 사람은 자신의 말에 공감하며 듣고 있다는 것을 느낀다.

우리는 맞장구치면서 들었던 경험이 많다. 연애시절 연인과 대화할 때를 떠올려 보자. 사랑을 담은 그윽한 눈빛으로 바라보면서 속마음을 이야기할 수 있도록 고개를 끄덕이거나 손을 잡으면서 "응, 그래서, 맞아!"와 같은 맞장구를 정말 잘 쳤다. 그때를 떠올리면서 배우자의 이야기에 맞장구를 치면서 듣자.

그러나 배우자의 말을 잘 듣고 싶어도 들을 수 없을 때가 있다. 상대의 입장을 헤아리지 않고 자신이 하고 싶을 때 말하는 경우다. 공감하며 듣기 위해서는 많은 에너지가 필요하다. 말하는 사람은 이야기하면 되지만 듣는 사람은 온 신경을 집중해서 들어야 하니까.

긴급한 내용이 아니면 퇴근해 들어오는 배우자를 붙잡고 얘기하지 마라. 몸이 피곤하면 배우자의 말이 귀에 잘 들어오지 않으므로 먼저 에너지를 회복할 수 있는 시간을 주어야 한다. 신문을 읽고 있거나 좋아하는 TV프로그램을 시청하는 것도 에너지를 회복하는 시간이다.

반면 피곤하거나 마음의 여유가 없어 도저히 배우자의 말을 들을 수 없을 때가 있다. 마지못해 이끌려서 듣는 척하면 오히려 더 큰 상처를 주게 된다. 이때는 "여보, 미안하지만 지금은 당신 말에 귀 기울일 수 없으니 30분 후에 이야기하면 안 될까요?"라며 솔직하게 말을 하라.

그리고 편안한 마음으로 대화를 잘하기 위해서는 대화의 주제나, 주요 내용을 미리 알려주면서 대화시간을 예약하는 것도 좋다. 이때 남편에게 중간에 끊거나 해결책을 내지 말고 끝까지 귀 기울여서 들어달라고 부탁을 한다. 그렇지 않으면 대부분의 남편은 아내가 어려운 문제를 해결하기 위해 도움을 요청하는 것으로 생각해서 중간에 끊고 해결책을 내놓거나 충고를 한다. 대화를 잘하기 위해서는 함께 노력하여 부부에게 맞는 대화습관을 길들여야 한다.

누구나 이해 받고 싶은 욕구가 있다. 이 욕구는 자신의 말을 공감하며 들어줄 때 충족된다.

친밀한 부부가 되고 싶은가?
입은 닫고 두 귀를 열어라. 배우자의 마음을 얻는 대화는 입이 아니라 귀에서 나온다. 의사소통의 달인은 듣기의 달인이다.

행운을 불러오는 말 한마디

미국 캘리포니아 주 대법원 판사 존 크랠릭은 2007년 최악의 상황에 빠졌다. 작은 로펌을 운영하는 변호사이자 사업가였으나 개인적으로도, 사업적으로도 희망이라고는 전혀 보이지 않았다. 어느 날 그에게 갑자기 어딘가로부터 음성이 들려왔다.

"네가 지금 가지고 있는 것에 감사하지 않는 한, 네가 원하는 것은 얻을 수 없다!"

그는 오랫동안 생각을 했다. 지금까지 경제적 상황이 좋거나 나쁘거나 상관없이 늘 좋은 일들이 있었고, 지금도 감사해야 할 일들이 많다는 것을 깨달았다. 그는 주위 사람들에게 감사편지를 하루 한 명씩 쓰기 시작했다. 그 편지를 쓰는 중 놀라운 일들이 그에게 일어났다. 사람들과의 관계도 회복되고 사업도 다시 좋아졌다. 그렇게 원하던 연방판사로 임명되었다. 그는 감사의 편지를 15개월 동안 365통을 썼다. 그 편지가 그의 삶을 완전히 바꾸어 놓았다.

그렇다면 감사에는 무슨 힘이 있는 것일까?

감사하게 생각하면 먼저 자신의 마음이 따뜻해진다. 그리고 감사한 마음을 전하면 상대방의 마음도 따뜻해지면서 그런 마음을 보내준 사람을 좋아하고, 도와주고 싶다. '감사'에는 사람의 마음을 움직이는 위대한 힘이 들어 있다.

존 크랠릭은 다른 사람에게 감사편지를 쓴 덕분에 자신의 삶이 완전히 바뀌었다고 했다. 그런데 배우자에게 감사편지를 쓰면 어떻게 될까? 아마 가정에 기적이 일어날 것이다. 배우자에게 감사한 마음을 표현하라. 적어도 하루 한 번씩, 작은 것이라도 찾아서.

몇 년 전 아내와 나는 방송을 본 후 직접 확인하기 위해 실험을 했다. 쌀밥을 해서 똑같은 유리병 두 개에 같은 양을 담았다. 한쪽은 좋은 말(감사합니다! 고맙습니다!), 다른 쪽은 나쁜 말(미워! 보기 싫어! 죽어 버려!)을 써 붙인 후 그 말을 한 달 동안 틈틈이 했다. 결과는 어떻게 나왔을까? 방송에서 나온 것보다 더 차이가 났다. 좋은 말을 해준 쌀밥은 누룩처럼 구수하고 하얀 곰팡이가 피었고, 나쁜 말을 해준 쌀밥은 시커멓게 썩어 버렸다.

그리고 양파실험도 했다. 비슷한 크기의 양파 두 개를 물을 채운 유리컵에 각각 담아 햇볕이 잘 드는 창가에 두고 쌀밥과 마찬가지로 좋은 말과 나쁜 말을 써 붙인 후 한 달 동안 실험했다. 이 역시 마찬가지였다. 좋은 말을 해준 쪽은 뿌리가 많이 내리고, 줄기도 튼튼하게 잘 자랐다. 나쁜 말을 해준 쪽은 뿌리와 줄기가 제대로 자라지 않았고 들쭉날쭉하다 썩고 말았다.

쌀밥과 양파 실험을 통해 다시 한 번 깨달았다. 감정 없는 쌀밥과 양파도 말에 따라 이렇게 변하는데 감정 있는 사람은 얼마나 변할까? 말 한마디가 천 냥 빚을 갚는다지 않은가. 이왕이면 감사한 말, 긍정적인 말을 하자.

8년 전 고통스러운 나날을 보내던 시절이었다. 한 치 앞도 보이지 않을 때라 몸과 마음이 지친 상태로 잠자리에 들었으나 후회와 분노, 미움 같은 부정적인 생각들이 떠올라 잠을 이룰 수가 없었다. 그러던 어느 날 아내가 편안하게 잠들 수 있는 방법이라면서 제안을 했다. 잠자리에 누워서 서로 손을 잡고 각자 하루 동안 있었던 고마운 일을 5가지씩 말한 후 잠을 청하자고 했다. 처음 며칠간은 고마운 일을 찾는 것이 쉽지 않았다. 일주일쯤 노력하자 고마운 일들이 쉽게 떠올랐다. 아내 손을 잡고 하루 중 고마웠던 일들을 생각해서 말하다 보니 마음이 한결 따뜻해졌다. 물론 잠도 쉽게 들게 되었고, 숙면할 수 있었다. 아침에 일어났을 때 몸과 마음이 개운해서 하루를 기분 좋게 시작할 수 있었다.

차츰 매사를 생각하는 관점이 부정에서 긍정으로 바뀌어졌다. 암울했던 앞날에 희망이 조금씩 보이기 시작하면서 자신감도 생겼다. 그 덕분에 건강도 찾았고, 오늘까지 올 수 있었다. 우리 부부의 잠자리 행사는 지금도 이어 가고 있다.

살다 보면 지치고 힘들 때가 있다. 이때 배우자의 '여보, 고마워요!'라는 말 한마디는 큰 힘이 된다. 사랑하는 배우자가 곁에 있는 것만으로도 얼마나 고마운가. 배우자는 부족한 나를 위해 그 어떤 수고도 기꺼이 감수한다. 사람들은 그걸 당연하다고 생각하는데 세상에 당연한 것은 없다. 당연하다고 생각하기 때문에 부부 사이에 원망과 갈등이 일어난다.

배우자에 대한 생각을 바꾸고 기대치를 낮추어라. 그러면 배우자의 고마운 점이 많이 보인다. 평생을 함께하기로 한 배우자인데 얼마나 고마운가. 기쁘거나 외롭거나 힘들거나 아프거나 어려움에 처했을 때 언제나 함께해 줄 사람은 배우자뿐이다.

배우자가 조금이라도 고맙게 느껴질 때마다 미루거나 마음속에 담아두지 말고, 즉시 "여보, 고마워요!"라고 표현하라. 배우자는 그 말에 보답하고 싶어 더욱더 잘하게 된다. "고맙다는 인사는 빨리 할수록 좋다"는 그리스 속담도 있다. 아무리 고마운 마음이 들어도 표현하지 않으면 모른다.

친밀한 부부는 평소 서로에게 "고마워요!"라는 말을 참 잘한다. 아주 작은 친절이나 배려에도 고맙게 생각하고, 고맙다는 말을 자주 하면 생각이 긍정적으로 된다. 배우자를 고마운 마음으로 바라보라. 고마워할 일들이 정말 많다. 많은 것을 가지고 있기 때문에 고마운 것이 아니라, 지금 가지고 있는 것에 고마워하기 때문에 좋은 일들이 더 많이 일어난다.

감사한 마음이 행복과 성공을 불러온다. '고맙다!'고 생각하면 모든 것이 다 고맙다. 세상을 행복하게 살아가는 비결이다. 이런 마음을 가질 때 부부 사이는 물론 자녀들도 훌륭하게 성장한다.

유대인 어머니들은 자녀들에게 날마다 고마운 일 100가지씩 찾게 한다. 매사를 긍정적으로 바라보고 감사한 마음을 갖게 하기 위해서다. 세상을 긍정적으로 바라보고 감사하게 생각할 때 올바른 사람으로 자란다.

행복한 사람은 작은 친절이나 배려에도 감사할 줄 안다.
감사한 마음을 표현할수록 더 많은 감사한 일들이 일어난다.

말에는 놀랄 만한 힘이 들어 있다

옛날에 박씨 성을 가진 나이 지긋한 백정이 장터에서 푸줏간을 하고 있었다. 당시에는 백정이라면 천민 중에서도 최하층 계급이었다. 어느 날 젊은 양반 두 사람이 고기를 사러 왔다. 첫 번째 양반이 거친 말투로 말했다.

"야, 이 백정 놈아! 고기 한 근 대령해라!"

"예, 그렇습지요."

그 백정은 대답을 하고는 정확히 한 근의 고기를 떼어 주었다.

두 번째 양반은 상대가 비록 천한 백정이지만, 나이 든 사람에게 함부로 말하는 것이 거북해서 점잖게 부탁했다.

"이 보시게, 박서방! 여기 고기 한 근 주시게나."

"예, 그러지요. 고맙습니다!"

그 백정은 기분 좋게 대답하면서 고기를 듬뿍 잘라주었다.

첫 번째 고기를 산 양반이 옆에서 보니, 같은 한 근인데도 자기한테 건네준 고기보다 아무래도 갑절은 더 많아 보였다. 그 양반은 몹시 화가 나서 소리를 지르며 따졌다.

"야, 이 백정 놈아! 같은 한 근인데, 왜 이 사람 것은 이렇게 많고, 내 것은 이렇게 적으냐?"

그러자 그 백정이 침착하게 대답했다.

"네, 그거야 손님 고기는 '백정 놈'이 자른 것이고, 이 어른의 고기는 '박서방'이 자른 것이니까요."

인터넷에서 퍼온 글이다. 같은 내용의 말이라도 어떻게 표현하느냐에 따라 아주 다르게 들린다. '아' 다르고 '어' 다르다는 말처럼 말 한마디가 사람의 마음을 움직인다. '세 치 혀가 사람을 살리기도 하고, 죽이기도 한다'는 속담이 있다. 말 한마디를 잘못해서 인생을 망친 이들이 얼마나 많은가? 무심코 뿌린 말의 씨는 언젠가 열매가 되어 자신에게 돌아온다.

법원에서 만난 A씨는 신혼시절부터 '이혼'이라는 말을 입에 달고 살았다. 아내가 조금이라도 마음에 들지 않으면 "우리 이렇게 살 바에는 이혼하자"고 했다. 처음에는 아내도 그저 농담으로 들었다. 하루는 아내가 직장에서 야근한 후 동료의 차를 타고 퇴근했다. 그 모습을 베란다에서 내려다본 남편은 바람났다면서 이혼하자고 했다. 시댁에 조금만 소홀하거나 집안 정리정돈이 안 되어 있을 때도 이혼하자고 했다.

아내는 배 속에 아기도 있으니 참고 살아야겠다고 마음을 먹었지만 하루하루가 지옥 같았다. 그러다 친정어머니의 암 수술로 오빠와 병원비를 반반씩 내게 되었다. 남편에게 친정의 상황을 설명하면서 치료비를 부탁했지만 거절하면서 또 이혼하자고 했다. 설상가상으로 충격을 받아 유산하고 말았다. 힘들 때마다 버팀목이 되었던 아기였는데 얼마나 마음이 아팠는지 모른다. 앞으로 한 번만 더 이혼 얘기를 꺼내면 남편과의 결혼생활을 끝내야겠다고 생각했다.

아내는 결국 한 달 후 남편의 요구대로 이혼서류를 내밀었다. 그런데 이게 웬 일인가? 남편은 그렇게도 바라던 이혼을 거부했다. 그러면서 하는 말이 가관이었다.

"농담이야, 당신 겁주려고 그랬어!"

하지만 아내는 이혼소송을 제기했다. A씨는 아내에게 잘못했다며 용서를 구했지만 이미 늦었다. 결국 이들은 결혼한 지 1년 반 만에 이혼하고 말았다.

세계적인 뇌 과학자의 연구에 의하면, 인간 뇌세포의 98%가 말의 지배를 받는다고 한다. 자신이 한 말이나 남으로부터 들은 말이 뇌에 각인되어 그대로 이루어진다. 이처럼 말에는 성취력이 있다. '무슨 말이든지 만 번 말하면 반드시 이루어진다'는 아메리칸 인디언의 격언도 있다. 말에는 행동으로 이끄는 힘이 들어 있다. 말이 뇌에 박히고, 뇌는 신경을 지배하고, 신경은 행동을 지배한다. "나는 행복하다!"고 말하는 사람은 행복하게 된다. 그러나 "불행하다!"고 말하는 사람이 행복하게 되는 경우는 절대 없다. 할 수 있다고 말하는 사람이 할 수 있고, 할 수 없다고 말하는 사람은 할 수 없다.

부부는 서로에게 무한한 영향력을 준다. 사랑으로 맺어진 부부이기 때문에 배우자의 말 한마디는 다른 사람의 수백 마디 말보다 더 큰 영향력이 있다. 신혼시절은 모든 게 낯설고 힘이 든다. 배우자에게 희망을 주는 따뜻한 말을 하라. 그 말 한마디가 배우자에게 큰 용기를 준다. 반면 부정적인 말을 들으면 우리 몸은 그걸 사실로 받아들인다. 좋은 말이든 나쁜 말이든 한 번 하면 더 쉽게 하게 된다. 부정적인 말, 마음에도 없는 말, 아무 생각 없이 하는 말은 하지 마라. 그 말이 배우자에게는 씻을 수 없는 큰 상처가 된다.

배우자와 친밀해지기 위해서는 긍정적이고 다정한 말을 하라. 그 말이 생각을 만들고, 생각이 행동을 이끌어준다.

2008년 2월 부부 세미나에 참석한 윤희 씨는 임신 5개월의 신혼이었다. 마지막 시간에 많은 사람들 앞에서 실천계획을 발표

했다. "저희 부부는 오늘부터 서로에게 경어를 쓰기로 약속했어요. 물론 태어나는 아이에게도 경어를 쓸 거예요."

지난 2월 대전에서 윤희 씨 가족을 다시 만났다. 네 살 딸과 두 살 아들을 두었는데 네 식구 모두 서로에게 경어를 쓰고 있었다. 그 모습이 그렇게 아름다울 수 없었다. 부모의 품위 있는 말씨가 자녀들에게 그대로 이어졌다.

그런데 나는 결혼 14년이 되어서야 아내에게 경어를 썼다. 그 당시 교육 받으면서 결심한 후 즉시 실천에 옮겼다. 내가 바꾼 말 한마디가 새로운 인생의 출발점이 되었다. 내가 먼저 말을 바꾸게 되니 아내가 바뀌었고, 아이들도 바뀌었다. 돌이켜보면 말 한마디가 우리 가족의 '삶의 질'을 얼마나 격상시켰는지 모른다. 나는 지금까지 잘한 일을 꼽으라면, '가족에게 경어 쓰기'가 꼭 들어간다. 왜냐하면 내 인생을 반전시킨 계기가 되었으니까.

품격 있는 가족을 만들고 싶으면 서로에게 경어를 써라. 부모가 쓰는 말을 자녀들도 그대로 따라한다.

행복한 사람들은 말씨가 다르다. 자녀들이 행복하기를 바란다면 어릴 때부터 부모가 좋은 말의 씨앗을 뿌려야 한다. 그 사람의 말씨를 보면 미래를 알 수 있다. 행복한 사람들은 긍정적인 언어를 쓴다. 매사를 비난과 비판, 불평하거나 부정적으로 말하는 사람은 행복할 수 없다. 그런 말에 가장 피해를 입는 사람은 바로 자기자신이다.

그리고 말에는 단계가 있다. 편하다는 이유만으로 평소에 반말을 쓰는 부부들은 화가 나면 쌍스런 욕을 거침없이 내뱉는다. 평소 쌍스러운 욕까지 서슴없이 하는 부부들은 화날 때는 폭력을 쓰거나 물건을 부수면서 끝장낼 것처럼 싸운다. 그러나 경어를 쓰는 부부들은 비록 화가 나더라도 한 단계 낮은 반말을 쓴다.

평소 사용하는 말이 부부관계에 미치는 영향은 너무나 크다. 서로에게 반말이나 욕까지 거침없이 사용하는 부부들은 그렇지 않은 부부보다 싸움도 자주 한다. 한번 싸웠다 하면 서로 만신창이가 되도록 싸워서 파경으로 끝날 확률이 매우 높다.

이혼한 부부들을 연구해 보면 한쪽이든, 부부 모두든 평소에 말을 함부로 했다. 아무리 편한 부부 사이라도 배우자를 존중하는 경어를 사용하자. 경어를 쓰면 말하는 사람과 듣는 사람 모두 자기자신을 절제하여 품위 있는 말을 하게 된다. 또 대화도 부드럽게 이어 갈 수 있다. 좋은 말은 나 자신에게도 이롭고, 듣는 사람에게도 이롭다. 좋은 말만 해도 다 못하고 가는 짧은 인생이다.

꽃은 향기에서, 술은 냄새에서, 사람은 말씨에서 품격이 드러난다.
말에는 엄청난 창조의 힘이 들어 있다. 어제 뿌린 말의 씨앗이 오늘의 나를 만들고, 오늘 뿌린 말의 씨앗이 내일의 나를 만든다.

배우자를 춤추게 하려면…

프랑스의 작가 발자크는 이런 말을 했다.

"아내는 남편이 만든 작품이다."

그가 여성이었다면, "남편은 아내가 만든 작품이다"라고 주장했을지도 모른다. 아내든, 남편이든 굳이 구별할 필요는 없다. 결혼생활은 남편이라는, 아내라는 작품을 만들어 가는 귀중한 과정이니까.

사랑을 하고, 결혼생활을 시작하면 누구나 상대방을 변화시키고 싶어 한다. 자신과 함께하는 사람을 그 누구도 모방할 수 없는 소중한 명품으로 만들고 싶어 하기 때문이다. 하지만 결혼생활의 문제는 바로 여기에서 시작된다. 처음에는 좋은 소리로 단점을 지적해 주다가도, 반복되는 행동이 나올 때마다 성격을 이기지 못하고 비난이나 잔소리를 퍼부어 댄다. 물론 우리는 '잘 되라고 하는 소리야'라는 변명 아닌 변명을 하지만.

특히 결혼 초에는 기대감이 지나치게 커서, 오히려 서로에 대한 단점이 더 크게 보인다. 연애할 때는 안 보였던 모습들이 매일같이 새록새록 보인다고나 할까. 처음에는 한바탕 큰 싸움을 벌이지만, 나중에는 그조차도 귀찮아져서 그냥 한숨 섞인 잔소리나 하는 것으로 상대가 알아서 고쳐 주길 바란다.

우리 부부도 마찬가지였다. 깔끔한 환경을 좋아하던 고지식한 남편은 퇴근을 하자마자 "하루 종일 뭐 했어?"라며 나의 청소 실력을 나무랐다. "반찬이 이게 뭐야? 제대로 할 줄 아는 게 뭐 있어?" 연애할 때 수없이 듣던 칭찬은 온데간데없이 사라졌다.

나는 강의할 때마다 배우자에게 칭찬이나 잔소리 중 어느 방법을 많이 사용하는지 물어본다. 대부분이 한 목소리로 '잔소리'라고 대답한다. 그러나 잔소리로 배우자를 변화시킨 사람이 있는지 물어보면 모두 고개를 흔든다. 그럼에도 결혼생활 내내 배우자에게 잔소리를 포기하지 않는 이유는 무얼까? 혹시나 하는, 미련한 기대감 때문은 아닐까?

서울 시청에서 강의할 때 결혼 1년 차인 한 남편을 만나 상담한 적이 있다. 그는 결혼 초부터 아내에 대한 칭찬노트를 쓰고 있다고 했다. 아침에 눈을 떠서 칭찬할 부분부터 찾다 보면 활기차고 신나게 하루를 시작할 수 있을 것이라는 기대감 때문이었단다.

하지만 곧 난관에 부딪혔다. 3일 쓰고 나니, 도저히 칭찬노트를 채울 거리가 생기지 않아서 고민 끝에 일주일 만에 칭찬노트를 그만 쓰자고 제안했다. 하지만 현명하고 뚝심 어린 아내는 이렇게 말했다고 한다.

"자기는 칭찬할 거리가 있을 때만 써. 나는 자기를 칭찬할 게 많아서 매일 쓸 거야." 그는 잠시 우월한 마음으로 아내가 쓴 칭찬노트를 찾아서 읽었다. 잔뜩 기대에 차서 말이다. 하지만 화장대에 올려져 있던 아내의 칭찬노트 내용은 그의 기대와 사뭇 달랐다.

'오늘도 잠에서 깬 남편의 머리가 까치집이다. 내가 예쁘게 다듬어줄 수 있도록 하기 위해 일부러 까치집을 하고 다니나 보다. 남편의 배려심에 감사한다.' '남편의 코트 입은 뒷모습이 하루하루 우람해진다. 이번 겨울이 지나기 전에 코트가 뜯어질 것 같다. 아무거나 잘 먹고, 살도 잘 찌는 남편이 참으로 보기 좋다.' '남편이 아침에 눈 뜨자마자 말을 거는데 입 냄새가 났다. 내 입에도 냄새가 날까 싶어 서둘러 양치를 했다. 나의 구강 청결상태까지 신경 써주는 남편으로 인해 행복하다.'

그 후 그도 칭찬노트를 매일같이 습관처럼 쓰게 됐다고 한다. 자신의 단점까지도 칭찬으로 해석해 주는 아내가 고마워서. 그리고 칭찬할 거리는 세상에 무궁무진하다는 소중한 진리를 깨달았기 때문이다.

배우자에겐 좋게 보이는 부분보다 부족하게 느껴지는 면이 많다. 특히 연애생활을 마치고 결혼생활을 하게 되면 절실하게 느껴진다. 하지만 이는 모두 동전 앞과 뒤의 차이일 뿐이다. 내가 좋게 바라보면 좋은 모습으로 다가온다. 반대로 한 번 부정적인 시각으로 보면 계속해서 단점만 보이게 된다.

문제는 배우자의 단점이 아니라 이를 바라보는 자신의 시각이다. 부족한 부분이 보이면 배우자에게 기회라고 생각해 보면 어떨까. 내가 채워 줄 수 있는, 그래서 돋보이게 만들 수 있는 기회라고. 배우자를 변화시키겠다는 본인의 마음부터 변화시켜야 한다.

사람의 뇌는 칭찬을 들으면 스펀지처럼 빨아들인다. 설령 그 말이 거짓말인 줄 알면서도 그대로 믿는다. 그리고 그대로 이루어지도록 자신도 모르게 노력을 한다.

세계적인 탁월한 동기부여가이자 『적극적 사고방식』의 저자인 노만 빈센트 필 박사는, "자신이 되고 싶으면 이미 된 것처럼 끊임없이 상상하며 말을 하라. 그러면 그 말대로 이루어진다"고 했다. 배우자로부터 "예쁘다, 당신이 최고다, 반찬이 맛있다"와 같은 칭찬을 들으면 자신도 모르게 그 말을 스스로에게 하게 된다.

하버드 대학교 전 심리학 교수인 윌리엄 제임스 박사도 이런 말을 했다. "인간은 누구나 다른 사람으로부터 인정받고 싶은 욕구를 가지고 있다." 이 욕구는 칭찬을 통해 이루어진다. 칭찬은 사람을 움직이고 변화시킬 수 있다.

시선의 변화와 함께 우리가 배우자에게 아낌없이 해야 할 일은 진심으로 칭찬하는 것이다. 이를 위해서는 배우자의 아주 작은 모습까지도 주의 깊게 관찰하라. 조금이라도 잘했거나, 잘하려고 노력할 때마다 아낌없이 칭찬하라. 그러면 배우자는 칭찬을 받고 싶어서라도 더욱 노력할 것이다.

아기가 말과 걸음마를 배울 때를 한번 생각해 보자. 부모가 얼마나 감탄하면서 칭찬하지 않았는가. 발음을 잘 못해도 "우와 정말 잘했다", 한 발짝 떼다 넘어져도 "우와, 참 잘했다"라고 감탄 어린 칭찬만 하지 단 한 번이라도 비난하지 않는다. 부모의 아낌없는 칭찬 덕분에 우리는 온전한 말과 걸음걸이를 배울 수 있었다.

배우자는 결혼생활을 처음 경험하는 아기 남편(아내)다. 아주 작은 노력과 느린 진전에도 끊임없는 관심을 가지고 진심으로 칭찬을 한다면, 배우자는 배신하지 않을 것이다.

배우자를 변화시키고 싶은가? 배우자를 변화시키겠다는 마음을 버려라. 그 대신 아주 작은 노력이나 진전을 찾아서 진심으로 칭찬하라. 칭찬만이 배우자를 훌륭하게 변화시킬 수 있다.

당신은 내 맘 몰라

'열 길 물속은 알아도 한 길 사람 속은 모른다.'

사람 마음을 안다는 것은 그만큼 어렵다. 하물며 말하지 않는 내 마음을 배우자가 알 수 있을까? 신神이라면 몰라도.

N씨는 주말이 가까워지면 마음이 답답하다. 토요일마다 처가에 가자는 아내 때문이다. 싫다고 하면 아내가 서운해할 것 같고, 참고 따라가자니 가시방석에 앉은 것만 같다. 어떤 날은 잠까지 자고 일요일 늦게 돌아온다. 아내야 자기 가족끼리 이야기하고 노느라 즐겁겠지만, 자신은 처가 식구들과 어울리지 못하니 꿔다 놓은 보릿자루처럼 거실에서 혼자 TV만 본다. 장모는 편안하게 쉬라고 하지만 낯선 처가가 어떻게 편할 수 있겠는가. 맛있는 음식을 해주고 잘 대해 주는데도 마음은 여간 불편하지 않다.

이제 6개월 된 신혼인데 아내와 단둘이서 영화나 연극도 보고, 여행하면서 둘만의 주말을 보내고 싶다. 그런 마음도 모르고 아내는, "오빠도 우리 집에 가는 게 좋지? 맛있는 것도 먹고, 우리 엄마가 잘해 주잖아! 그렇지?"라고 하는데 차마 아니라고 말할 수 없다. 그런 아내가 N씨는 많이 서운하다.

어쩌다 본가에 가서는 부모님 눈치를 보면서 겨우 서너 시간밖에 있지 않는다. 불편해하는 아내를 생각해서 온갖 핑계를 대고는 가능한 한 빨리 일어설 때마다 부모님께 죄송한 마음 이루 말할 수 없다. 그런데 처가에서는 눈곱만큼도 자신의 입장을 생각해 주지 않는 아내를 보면 화가 난다. 자신도 본가에서 어머니가 해주는 밥을 먹으면서 하루쯤 잠도 자고 싶지만 아내에게 어림없다는 것을 알기 때문에 엄두도 내지 않는다.

아내에게 시댁이 불편하듯 아무리 잘해 주어도 남편에게 처가는 편하지 않다. 아직 6개월밖에 안 된 신혼인 N씨로서는 아내와 단둘이서 지내고 싶은 마음이 오죽하겠는가. 그렇다고 언제까지 속마음을 감춘 채 아내 생각대로 지낼 수 없다. 또 그렇게 하는 것이 진정으로 아내를 위하는 일도 아니다.

속마음은 언젠가 드러나게 마련이어서 그때는 아내와 갈등이 심해질 수 있다. 물론 아내가 남편 마음을 알아주면 좋겠지만 그렇지 않다면 아내의 기분이 좋을 때 솔직하게 말을 하라. 처가에

결혼을 앞둔 자녀에게 **135**

있을 때 불편한 마음보다 아내와 둘이서 즐겁게 보내고 싶은 속마음을.

결혼 초에 나도 처가가 편하지 않았다. 다행스럽게도 그런 내 마음을 알아차린 아내가 많이 배려하여 꼭 참석해야 하는 행사 때만 친정에 가자고 했다. 아내도 나와 친정식구들 눈치를 보느라 많이 신경 쓰였던 모양이다. 언제나 내가 불편하지 않도록 세심하게 신경 쓰고 배려해 준 아내가 참으로 고맙다.

어떤 경우라도 마음을 알아주지 못하는 배우자를 서운해하거나 오해하지 마라. 그건 마음을 솔직하게 말하지 않은 자신의 책임도 있다. 아무리 오랫동안 부부로 살았어도 말하지 않으면 속마음을 알 수 없다. 직감이 뛰어난 아내도 말하지 않는 남편의 마음을 모르는데 눈치가 없는 남편은 더할 수밖에.

배우자가 마음을 알아주기를 기대했다가 실망하는 것보다 솔직하게 말하는 것이 부부갈등을 없애는 길이다. 그렇다고 불편한 마음을 잘못 말하면 배우자가 자신의 가족을 싫어하거나 불평하는 것으로 오해할 수 있다.

부부 사이라도 속마음을 모두 말하지 못하는 경우도 있다. 배우자의 마음이 어떤지, 무엇을 원하는지 관심을 가지고 헤아리려고 노력하자. 내가 편안하고 좋다고 배우자도 그럴 것이라고 지레짐작하지 마라. 부부는 성격도, 생각도, 가치관도 다르다.

더구나 신혼 3년은 부부로서 애착관계가 형성되는 시기다. 이 시기에 원 가족과 너무 자주 어울리게 되면 서로에게 길들여지는 데 어려움을 겪는다. 자기 가족인 경우엔 좋고 편할지라도 배우자는 얼마나 불편한지 모른다. 특히 아내에게 시댁은 처가와는 비교할 수 없을 정도로 어렵고 불편하다. 그런 배우자의 마음을 말하지 않더라도 잘 이해하고 배려해야 한다.

따라서 결혼 초에는 양가 부모를 너무 자주 만나는 것을 지양하라. 자주 만나다 보면 부모는 참견하게 되고, 그것이 부부갈등의 원인이 된다. 비록 서투르고 부족하더라도 부부가 중심이 되어 결혼생활의 기반을 만들어라. 그래야 부모의 영향력에서 벗어나 자립할 수 있다.

때로는 배우자가 도무지 이해되지 않을 때가 있다. 그럴 때 배우자를 탓하기보다 입장을 바꾸어서 한번 생각해 보자. '왜 저렇게 했을까? 나라면 어떻게 했을까?' 핑계 없는 무덤은 없다. 입장을 바꾸어 생각하면 이해하지 못할 것이 없다. 그래도 이해가 되지 않으면 배우자에게 직접 물어봐야 한다. "왜 그렇게 했어요?"

부부라도 서로 입장이 다르다. 그 입장이 아니면 이해하지 못할 일들이 많다. 부부로 잘 살아가기 위해서는 역지사지易地思之의 마음가짐이 중요하다.

부부갈등은 대부분 원하는 것을 배우자가 들어주지 않거나, 그 마음을 몰라줄 때 일어난다. '왜 내 마음을 몰라줄까? 그 정도는 알아서 해줘야지. 이해심이라고는 눈곱만큼도 없어'라며 배우자를 탓하지 마라. 배우자를 원망하면 마음만 더 상하고 부부 사이도 나빠진다.

특히 아내는 속마음을 간접적으로 표현하거나 과장을 잘한다. 하지만 그 말을 액면 그대로 받아들이는 남편에게는 직접적으로 말해야 알아듣는다. 옆구리 찔러서 절 받는 게 마음 상하는 것보다 훨씬 더 낫다.

또 부부 사이에는 지레짐작으로 잘해 주고 오해 받거나 갈등의 원인이 되는 경우도 많다. 배우자에게 해주고 싶을 때는 미리 물어보고 원하는 것을 해주어라. 그렇지 않으면 잘 해주고도 싫은 소리를 들을 수 있다.

배우자에게 바라는 것이 있을 때는 솔직하게 요청하라. 말하지 않으면 알 수 없는 것이 사람의 마음이다. 하지만 마음에 없는 말은 절대로 하지 마라.

성생활은 몸으로 하는 대화

성性생활은 부부가 몸으로 하는 대화다. 대화가 잘 되어야 부부 사이가 친밀하듯 성생활이 만족스러워야 결혼생활이 행복하고 일상생활이 활기차다.

"김 대리, 오늘 좋은 일 있지?"
"아~ 네, 늘 그렇죠 뭐!"
"아닌 것 같은데…. 집에 좋은 일 있지?"

옆자리 박 과장의 말이 조금은 쑥스러웠지만 기분은 날아갈 것만 같다. 아침에 콧노래를 부르면서 집을 나섰다. 회사에서 만나는 사람마다 반갑게 인사했다. 어젯밤 아내와의 잠자리 덕분이다.

퇴근 무렵 아내가 '오늘 밤 와인 한잔 어때?'라며 문자를 보내왔다. 먼저 퇴근한 아내는 촛불까지 켜 놓고 은은한 분위기를 만들어 놓았다. 가볍게 와인을 한잔 한 후 잠자리에 들었다. 미리 준비하고 배려해 준 아내 덕분에 얼마나 황홀했는지 모른다. 물론 아내도 매우 흡족해했다.

더욱 좋았던 건 성관계 후 솔직하게 느낌을 나눈 대화다. 아침에 눈을 떠보니 아내도 행복한 모습에 생기가 가득했다. 아침식사도 어느새 준비했는지 내가 좋아하는 북어국으로 차려 놓았다.

부부에게 성생활은 삶의 활력소다.

부부 사이에서 성생활이 만족스러우면 엔도르핀이 마구 솟아난다. 신이 나서 일도 잘 된다. 마음이 너그러워지고, 이해심도 많아진다. 부부 사이가 더욱 친밀해져서 의사소통이 잘 되고 스트레스도 사라진다. 이처럼 부부의 일상은 성생활과 밀접하게 연관되어 있다.

성생활은 배우자가 배려해 줄 때 즐겁고 만족스럽다. 부부에게 성은 일상생활이다. 성에 대해 올바로 알아야 즐길 수 있다. 그렇지 않으면 재미없거나 두려울 수 있다. 심하면 성은 더럽고 추하다는 강박관념에 사로잡힐 수 있다.

대부분의 사람들은 성에 대해서 잘 모른다. 그저 안다고 해도 막연하게 알거나 영화나 비디오, 불법동영상을 통해서 얻은 지식이 전부다. 이는 연기이지 실제와는 너무나 다르다. 또 인터넷이나 주위의 이야기는 자신을 과장한 허풍에 지나지 않는다. 그런 내용을 그대로 따라 하려고 하지 마라. 부부 사이에서 즐거워야 할 성생활이 고통스럽거나 부담스러워진다.

부부는 성에 대한 인식이나 생각은 물론 몸의 구조조차 서로 다르다. 즐거운 성생활을 위해서는 배우자의 성에 대한 태도와 생각을 이해하고 배려해야 한다. 어느 한쪽이 일방적으로 강요하거나 이끌고 가게 되면 성생활을 두려워하거나 기피하게 된다. 그러면서 부부 사이에 갈등이 일어난다.

"아내는 키스라면 고개를 돌려버려요!"

결혼한 지 1년 된 어느 남편이 털어놓은 얘기다. 지금껏 아내와 제대로 키스를 해보지 못했다. 아내에게 키스하기 위해 다가가면 놀라면서 밀쳐낸다. 애무도 제대로 할 수 없었다. 목이나 가슴에 손이나 입술이 다가가면 아내는 깔깔거리며 웃어버린다. 김빠진 맥주처럼 성생활이 무미건조할 수밖에. 또 성생활에 대해 진지하게 대화라도 하려면 아내는 천박하다며 말을 막는다.

그러다 아이도 태어났다. 이제 아내는 온통 아이에게만 마음을 쏟는다. 아내와 성생활을 할 수 없으니 귀가시간도 늦어지고 아내에게 화도 자주 낸다. 아내도 뭐가 불만이냐며 짜증을 낸다. 별일 아닌 것으로도 자주 부부싸움을 한다. 결혼생활이 재미가 없고 애정도 식어 간다. 그렇다고 외도를 하자니 도리가 아닌 것 같고, 그대로 참자니 삶의 의욕마저 사라졌다.

부부에게 성생활은 은밀하거나 부끄러운 것이 아니다. 자연스럽게 밝은 곳으로 드러내야 한다. 불만이 있는데도 참거나 피하면서 마음속에 숨겨 놓지 마라. 언젠가는 더 크게 폭발한다. 배우자와 솔직하게 이야기하면서 해결하기 위해 함께 노력해야 한다.

예를 들어, 탁구를 즐기려면 먼저 올바른 운동방법을 배우고 연습해야 한다. 어느 정도 실력이 될 때까지는 즐겁지 않다. 한 사람이 아무리 실력이 뛰어나도 함께하는 상대가 받쳐주지 않으면 즐거울 수 없다. 반면 한 사람이 다소 실력이 부족하더라도 잘하는 상대가 맞춰주면 함께 즐길 수 있다. 물론 두 사람의 실력이 비슷하면 가장 즐겁겠지만.

부부의 성생활은 두 사람이 함께 즐기는 '성聖스러운 놀이'다. 한 사람은 즐겁고, 상대는 즐겁지 않다면 더 이상 함께 놀고 싶지 않다. 부부가 성생활을 함께 즐기기 위해서는 성 지식을 바르게 배우고, 성 능력을 개발하기 위해 함께 노력해야 한다. 먼저 부부가 성생활에 대해 진지하게 대화를 하자. 그것을 어색하다거나 부끄럽다면서 피해서는 안 된다. 특히 배우자가 성에 대해 이야기를 꺼낼 때 '바람기가 있다거나, 천박하다'고 몰아붙이지 마라.

성생활은 부부가 함께 즐기고 만족할 때 의미가 있다. 어느 한쪽의 일방적인 만족으로는 즐겁지도 않고, 의미도 없다. 성생활에 대한 올바른 지식과 노력 없이 결혼생활을 하는 것은 무면허

운전자가 자동차를 운전하는 것보다 더 위험하다. 부부가 동등한 입장에서 함께 즐기는 '성스러운 놀이' 문화를 만들자.

"여보, 오늘 저녁 와인 한잔 할까요?"
"와인 좋죠. 안주는 당신이 제일 좋아하는 걸로 준비할게요."
결혼한 지 2년 된 성호 씨 부부의 성생활 암호다. 결혼 후 '성'이란 말을 꺼내기가 쑥스럽고 어색했다. 서로에게 전하고 싶은 내용이 무엇인지는 알면서도 어떻게 표현해야 할지 참 답답했다. 그러다 생각한 방법이 '와인'이란 암호다. '성생활'을 원할 때는 문자나 전화로 '와인'을 한잔 하자고 한다. 얼마나 편하고 자연스러운지 모른다. 그런 암호가 있는 날에는 가볍게 와인도 한잔 한 후 성생활을 즐긴다.

예전 우리 집에는 목조각 원앙새 한 쌍이 TV 위에 놓여 있었다. 우리 부부는 그 원앙새로 '성생활' 신호를 보냈다. 평소에는 앞쪽을 향해서 나란히 두다가, '성생활'을 원할 때는 서로 마주보게 놓는다. 그 신호를 알아채고 기쁘게 서로를 맞이할 준비를 한다.

와인, 목조각품, 작은 인형과 같은 예쁜 물건 등으로 배우자에게 '성생활'의 의사를 전할 수 있다. 말로 하는 어색함도 피할 수 있고, 미리 준비할 시간을 줄 수 있어서 좋다.

성생활은 아는 만큼 즐길 수 있으므로 부부가 함께 올바른 성을 배우고 익히자.

너무나 다른 남녀의 성(性)

　남성호르몬인 테스토스테론의 영향으로 남자는 예쁜 여자나, 여자의 벗은 몸을 보거나, 그 모습을 상상하면 순간적으로 성적 충동이 일어난다. 남자는 성관계를 자주 원하지만, 모두 충족하지 못할 때가 많다. 아내는 늘 조르는 남편의 요구에 잘 응하다가도 컨디션이 좋지 않거나, 상황이 여의치 않을 때는 거부한다. 아내가 거부한 것은 그 '성관계'뿐이지만, 남편은 자신이 거부당한 것으로 받아들인다.

　남자는 성적으로 흥분하면서 사랑하는 마음이 일어난다. 남자는 성적인 흥분에 사로잡혀 성관계를 시작하려고 할 때가 감정적으로 가장 상처받기 쉽다. 이때 아내의 거부는 자신의 사랑이 전부 거절당한 것으로 생각되어 상처가 마음속에 오랫동안 남는다.

　그런데 여자는 성관계 욕구가 일어나기까지는 준비가 필요하다. 여자는 달콤한 대화나 스킨십을 통해서 사랑에 대한 욕구가 충족되지 않으면 성욕이 일어나지 않는다. 자신이 남편에게 특별한 존재로서 사랑을 받고 있다는 느낌이 들 때 여자는 마음이 열리면서 비로소 몸이 열린다. 그럴 때 여자의 성에 대한 갈망은 남자와 같거나 오히려 더 강렬할 수 있다.

여자는 분위기가 편안해야 마음이 열리고 성관계에 집중할 수 있다. 하지만 남자에게 분위기는 상관이 없다. 언제 어디서나 눈에 보이거나, 상상만 해도 순간적으로 성욕이 일어난다.

출장을 마치고 돌아온 남편은 집에 들어서자마자 성관계를 원한다. 하지만 아내는 남편과 다정하게 이야기를 나누면서 분위기 있는 시간을 갖고 싶다. 성에 대한 서로 다른 점을 이해하지 못하는 남편은 아내로부터 거부당했다는 생각에서 불쾌하고, 아내는 남편이 자신을 성적인 대상으로만 여긴다고 생각하여 불쾌하다.

또 남편은 술자리나 밖에서 온갖 유혹을 받아 성충동이 일어나지만 아내를 생각하며 자제를 한다. 그러다 집에 들어서는 순간 억제했던 성욕이 분출한 남편은 아내를 보자마자 성관계를 가지려고 한다. 하지만 전혀 준비가 안 된 아내는 당황하며 남편의 갑작스런 요구를 거부한다. '밖에서 무슨 짓을 하고 왔길래 저럴까?' 싶어 몹시 불쾌하다. 그러나 남편은 아내만을 생각하며 온갖 유혹을 다 뿌리치고 온 자신을 거부한 아내에게 심한 배신감을 느낀다. 이 역시 부부 사이에 흔히 일어나는 일이다.

이런 일을 피하려면, 남편은 미리 아내에게 전화나 문자로 성관계 신호를 보내서 준비할 여유를 주어라. 아내도 성적 충동을 잘 받는 남자의 특성을 이해하고, 성욕을 자제하고 돌아온 남편을 매몰차게 거부하지 말아야 한다. 이처럼 남자와 여자는 성적 욕구가 다르게 일어난다.

대부분의 남자는 성적으로 흥분하면 박차를 가한다. 손길이 거칠어지고 전력을 다해서 강렬하게 몰아간다. 여자도 강렬하게 속도를 내는 것을 좋아할 것으로 짐작하면서. 마치 100m 경주를 하듯 목표를 향해 전력 질주하여 단숨에 도달한다. 그리고는 승자의 기분에 도취되어 여자의 기분은 상관하지 않고 경기장을 빠져나가듯 씻으러 나가거나, 혼자 잠에 곯아떨어진다. 이때 여자의 허탈감이 얼마나 큰지 모른 채.

대부분의 여자는 남자의 부드럽고 섬세한 손길을 좋아한다. 속도를 늦추고 조심스럽게 과정을 밟아 나갈 때 여자의 쾌감은 서서히 증가한다. 성적 욕망과 흥분이 강렬해지기 전까지 여자는 노골적이지 않은 손길을 바란다. 부드럽고 감미로운 자극은 여자를 성적으로 흥분시킨다. 이처럼 남녀는 성 반응에서도 완전히 다르다. 멋진 성생활의 비결은 아내의 성적 욕구가 서서히 증가하도록 남편이 속도를 조절하면서 함께 맞추는 것이다.

"당신한테는 아기밖에 없어?"
"당신은 하루 종일 아기하고 시름하는 내가 가엾지도 않아?"
생후 2개월 된 아기에 대한 남편의 한마디는 아내에게 너무나 서운하다. 첫 아기라서 어떻게 키워야 할지 몰라 하루 종일 아기와 시름하다 저녁 무렵이면 온 몸이 파김치처럼 축 늘어진다. 밤에도 젖을 먹이느라 자주 깨야 하기 때문에 제대로 잠을 잘 수가 없다. 낮에도 아기에게 신경 쓰느라 집안일은 물론 잠시도 쉴 틈이 없다. 그런 아내를 조금이라도 생각한다면 일찍 퇴근해서 아기라도 봐주면 잠깐이라도 쉴 수가 있다.

하지만 남편은 도와줄 생각은 하지 않고 오직 성욕만 채우려고 밤마다 조른다. 심지어 젖을 먹이다 깜빡 잠이 들면, 아기를 떼어내고 곁에 누워서 몸을 더듬었다. 그 순간 이 사람이 내 남편인가 싶어 확 밀쳐 버렸다. '아기와 시름하느라 지쳐서 겨우 잠든 아내가 안쓰럽지도 않은지. 그걸 깨워서 성욕을 채우려고 하다니….' 아기도 힘이 드는데 남편까지 그러니 얼마나 속상한지 모른다. 내 남편이 과연 저런 사람밖에 안 되나 싶다.

하지만 남편은 출산 후 몇 달이 지났는데도 오직 아기만 생각하는 아내가 서운하다. 그동안 수없이 성욕이 일어났지만 출산으로 고생한 아내를 생각하며 참아왔다. 출산 후 얼마간은 아기도 돌봐주고 집안일도 많이 했다. 한 달이 지나서 이제는 괜찮겠다 싶어 다가가자 아내는 몹쓸 짐승처럼 밀쳐 버렸다. 그 순간 아내로부터 버림받았다는 생각이 들었다.

그럼에도 아내의 마음을 얻으려고 일찍 퇴근해서 아기도 돌봐주고 집안일도 했으나 아내는 그런 자신에게 관심조차 주지 않고 틈만 나면 잠에 곯아떨어졌다. 어떤 때는 아기 때문이라는 생각이 들어 아기조차 예뻐 보이지 않았다. 심지어 '에이, 확 바람이라도 피워 버릴까!'라는 생각마저 들기도 했다.

아기가 태어난 후 많은 부부들이 겪는 갈등이다. 남편과 아내 모두 자기 입장에서 생각하기 때문에 이런 갈등이 일어난다. 그러나 상대의 입장에서 한번 생각해 보자. 출산 후 수유기간 동안에는 아내에겐 아기를 키우는 데 전념하게 하는 호르몬의 영향으로 성욕이 일어나지 않는다. 아기가 이유식을 먹고 홀로 설 수 있을 때까지 보살피는 것은 엄마로서의 본능이다. 이는 동물의 세계에서도 어미가 새끼에게 젖을 먹이고 키울 동안에는 수컷이 가까지 오지 않는다.

육체적으로 힘든 이 시기에 아내에게 가장 필요한 것은 남편의 도움이다. 아기를 돌봐 주고, 집안일을 도와줄 때 남편이 고맙다. 몸이 피곤하면 성욕은 더 일어나지 않는다. 물론 남편에게 관심을 가질 수도 없다. 하지만 이 시기의 남편은 성욕이 가장 왕성한 나이다. 이런 남편에게 무조건 성욕을 참으라는 것은 매우 어렵다.

남자는 단순하기 때문에 자신만을 생각하는 경향이 있다. 가장 기본적인 성욕구가 충족되지 않으면 자신의 존재감이 사라져서 아기나 아내에게 관심을 가질 수 없다. 아내와의 관계가 나빠지면 외부의 유혹에 흔들릴 수 있다.

이러한 상황을 막기 위해서 부부는 속마음을 터놓고 대화를 해야 한다. 먼저 배우자 입장을 헤아리지 못한 점에 용서를 구하면서 서로에게 바라는 것을 구체적으로 요청하자. 어떤 요청이라도 절대 비난하거나 탓하지 말아야 한다. 그 대신 배우자의 입장에서 한 번쯤 생각하면서 서로 양보하고 타협해야 한다.

부부에게 성생활은 함께 즐기는 사랑의 놀이다. 만족스러운 성생활은 서로의 차이를 이해하고 배려하는 마음에서 시작한다.

건강이 경쟁력이다!

'재물을 잃은 것은 인생의 일부를 잃은 것이요, 명예를 잃은 것은 인생의 절반을 잃은 것이요, 건강을 잃은 것은 인생의 모든 것을 잃은 것이다'라는 서양속담이 있다. 우리 삶에서 건강이 차지하는 비중이 그만큼 크다는 뜻이다. 결혼생활에서도 건강은 그 어떤 것보다 중요하다.

지난해 어느 기업의 젊은 직원들에게 강의할 때였다. "운동 열심히 하세요?"라고 물었더니 대부분 시간이 없어서 못한다고 했다. 물론 한창 일을 할 계층이라 시간이 없을 수 있다. 그런데 미래를 생각해 보자. 돈도 쓰기 전에 저축하듯 시간을 만들어서 운동해야 한다. 체력이 받쳐주지 않으면 직장에서 전력을 다할 수 없다. 건강이 경쟁력이다.

신이 인간에게 공평하게 준 게 있다면 하루 24시간이다. 그 시간을 10시간도 안 되게 쓰는 사람이 있는가 하면, 30시간 이상처럼 값지게 쓰는 사람도 있다. 아직 실감하지 못할 수도 있지만 젊을 때 건강을 관리하지 않으면 갑자기 돌이킬 수 없는 상황에 놓이게 된다.

문득 큰아들 생각이 났다. 회사에서 점심식사 후 시간을 어떻게 보내고 있을까? 스마트폰으로 게임을 할까? 직원들과 이야기하며 놀까? 커피점에서 커피를 마실까? 잠깐이라도 걸으면서 머리를 식힐까? 아니면 헬스장에서 운동을 할까?

나는 서른 살까지 체력이 매우 약했다. 회사에서도 쉽게 피로해져서 오후가 되면 업무 집중력이 떨어졌다. 당시 회사는 7시 30분에 업무를 시작하여 거의 매일 밤 10시 이후에 퇴근을 했다. 녹초가 되어 집에 도착하면 다리가 너무 아파 아내가 매일 주물러주었다.

그렇게 1년여를 보내던 어느 날 문득 생각이 났다. '벌써 날마다 다리를 주무르는데 나이가 더 들면 어떻게 될까?' 끔찍스러웠다. 곰곰이 생각하니 다리가 아프지 않게 하는 방법은 두 가지 있었다. 피로하기 전에 충분히 쉬는 것과 피로가 느껴지지 않도록 체력을 키우는 것. 난 둘째 방법을 선택했다. 그날부터 30분 일찍 일어나서 계단 오르내리기를 하고, 점심시간에는 회사 헬스센터에서 40분씩 근력운동을 한 후 식사를 했다. 주말에도 쉬지 않고 운동했다.

그렇게 1년쯤 지나자 가슴에 근육이 생기면서 체력이 단련되었고, 아무리 야근하거나 온종일 걸어도 피로가 느껴지지 않았다. 난생 처음 한번도 못했던 턱걸이를 무려 10개까지 하였다. 그 후 운동은 나의 가장 중요한 하루 일과가 되었고, 그 덕분에 힘든 회사생활도 잘할 수 있었다. 지금도 하루 8시간 강의를 3일간 계속해도 체력에는 전혀 문제가 없다. 그때 운동을 시작한 것은 현명한 선택이었다.

젊을 때의 운동은 자신의 가치를 높일 수 있는 장기투자인 동시에 건강의 밑거름이자 경쟁력이다.

운동 못지 않게 중요한 것이 음주와 흡연이다.

음주습관은 부부생활과 직장생활에 큰 영향을 미친다. 사람들은 술을 먹으면 평소와 달리 말과 행동을 함부로 하면서 자신도 모르게 많은 실수를 저지른다. 흔히 '필름이 끊어졌다, 전혀 기억나지 않는다'라며 변명하지만 용서되지 않는다. 음주로 인한 한 순간의 실수가 가정과 직장, 사회생활에 돌이킬 수 없는 피해를 준다. 물론 당사자가 가장 큰 피해자다. 업무능력도 뛰어나고 인간관계도 좋은데 나쁜 술버릇 때문에 기회를 놓친 사람들이 참 많다.

'술은 어른 앞에서 배워라'라는 옛말이 있다. 음주습관도 길들이기 나름이고, 절제가 필요하다. 자기 의지와의 싸움이지만 배우자가 도와주면 훨씬 더 효과를 볼 수 있다.

도심의 대형빌딩 밖에서 담배를 피우는 모습을 볼 때마다 옛날 생각이 나서 혼자 웃는다. 나도 예전엔 담배를 많이 피웠다. 스트레스를 받거나 일이 잘 풀리지 않을 때 잠시 밖으로 나와 담배 한 대를 피울 때의 기분은 이루 말할 수 없다. 심지어 화장실에 가고 싶어도 담배가 없으면 가지 않을 만큼 애연가였다. 그런데 자식이 뭔지.

32년 전 큰아들이 태어나는 날 과감히 끊었다. 여간 힘들지 않았지만 자식을 위한다고 생각하니 못할 것이 없었다. 아내는 열 달 동안 배 속의 아이를 위해 온갖 어려움을 감수하면서 엄마가 되는데, 난 태어날 아이를 위해 아빠로서 어떤 준비를 하고 있는지 곰곰이 생각한 끝에 담배를 끊기로 결심했다.

하지만 회식자리나 동료들이 권할 때는 마음이 흔들리기도 했다. 그때마다 태어날 아이를 생각하면서 스스로에게 끊임없이 말했다. '난 좋은 아빠야. 난 아이에게 한 약속을 반드시 지킬 수 있다!' 나 자신과 아내의 격려 덕분에 큰 어려움 없이 금연할 수 있었다. 모든 것은 마음먹기에 달렸다. 시작이 반이다. 결심부터 하라.

흡연이 건강에 얼마나 나쁜지 모르는 사람은 없다. 흡연자가 입는 직접적인 피해는 말할 것도 없지만 자녀나 배우자가 입는 간접피해도 너무나 크다. 특히 임신부가 담배를 피우면 태아에게 치명적인 위험을 준다. 전문 의료기관의 연구에 의하면, 임신부가 간접흡연에 노출됐을 때도 태아가 사산이나 신체결손으로 태어날 확률이 높다고 한다.

아빠의 흡연은 어린아이에게 치명적인 영향을 줄 수 있다. 조금만 간접흡연에 노출되어도 아이의 혈관은 무너지고, 폐기종, 천식, 알레르기의 발병 원인이 된다. 또한 흡연하는 배우자를 둔 사람은 그렇지 않은 사람에 비해 폐암 발생률이 30%, 심장병 발병률은 40%가 더 높다. 이외에도 여러 가지 사소한 질병의 발병률도 더 높다.

그런데 흡연자의 대부분은 스트레스 때문에 담배를 피운다고 한다. 스트레스를 해소하려고 담배를 피우다 자신은 물론 가족에게 병을 주고, 그 병 때문에 스트레스를 더 받는 악순환이 반복된다.

계속 흡연할 것인가, 끊을 것인가는 오로지 자신의 선택에 달려 있다.

요즘처럼 스트레스가 많고 인간관계가 복잡한 사회에서 살아가기 위해서는 신체건강 못지 않게 정신건강이 중요하다. 이러한 정신건강을 위해서는 종교가 큰 역할을 한다. 몇 년 전 종교가 있는 사람들이 없는 사람들에 비해 행복도가 더 높다는 통계가 발표되었다. 부모가 종교를 가진 자녀들은 그렇지 않은 자녀에 비해 비행이나 탈선 역시 적다는 보도도 있었다.

나는 30대 중반까지 종교가 없었다. 하지만 지금은 천주교 신자다. 신앙인으로서 부끄럽지 않도록 노력하며 살고 있다.

큰아들이 유치원 들어갈 무렵이었다. 당시 주위 사람들을 살펴보니 어릴 때부터 종교가 있는 집에서 자란 사람들은 마음이 착하고 성실했다. 난 우리 아이들도 그렇게 자라주기를 기원하면서 천주교에 입교하였다. 그렇게 시작된 종교생활은 우리 가족에게 큰 영향을 미쳤다. 물론 나의 바람대로 두 아들이 착하고 성실하게 잘 자라 주었다.

견딜 수 없을 만큼 힘든 일들이 많이 있었지만 모두 극복할 수 있었음도 신앙 덕분이다. 특히 신앙생활이 계기가 되어 우리 부부가 오늘과 같이 성장할 수 있었다. 그 대표적인 것이 부부관계를 회복시켜 준 'ME Marriage Encounter'와의 만남이다. 그것이 토대가 되어 현재 부부리더십연구소를 운영하면서 강의와 코치, 법원에서 가사조정위원을 하고 있다.

종교는 삶을 보다 행복할 수 있도록 만들어 준다. 공인된 종교라면 어떤 종교를 믿어도 좋다. 불교, 개신교, 천주교, 원불교,

이슬람교 등 모두 훌륭한 종교다. 열심히 종교생활을 하지 않아도 괜찮다. 부부가 같은 종교를 가지고 함께 신앙생활을 할 때 더욱 보람되게 살아갈 수 있도록 성장시켜 준다. 뿐만 아니라 어려움에 처할 때마다 극복할 수 있는 힘을 준다.

신앙은 스트레스지수를 낮춰 주고, 정신건강을 위한 든든한 기둥 역할을 한다. 누구나 살면서 기쁜 일, 슬픈 일, 어려운 일을 많이 겪는다. 기쁜 일이 있을 때는 진심으로 감사하고, 슬프거나 힘든 일이 있을 때는 기도로써 고통에서 벗어날 수 있게 한다. 또한 자신을 나눌 줄 아는 따뜻한 마음도 일어나게 한다. 그래서 신앙생활을 하는 이들은 정신적, 육체적으로 훨씬 더 건강하다.

건강은 장기투자다. 젊고 건강할 때 건강관리에 투자해라.
음식과 운동은 신체건강의 기본이고, 종교는 정신건강의 필수다.

Do it now!

❥ 우리 부부의 가사분담표를 만들자.

❥ 서로의 좋은 점을 10가지씩 찾아서 대화하자

❥ 배우자에게 고마웠던 일 10가지씩 찾아서 대화하자.

❥ 우리 부부의 성생활 암호를 정하자.

Chapter 4
부부싸움에도 기술이 필요하다

최고의 부부싸움 전략은
싸우지 않고 갈등을 해결하는 것이다.

부부싸움은 칼로 물 베기(?)

　법원의 가사조정위원회에서 이혼소송 중인 부부들을 만날 때마다 너무나 안타깝다. 원고와 피고로 나란히 앉아도 서로 눈길조차 주지 않고, 조금이라도 더 나쁜 사람으로 몰아넣기 위해 수단방법을 가리지 않는다. 그토록 사랑해서 결혼한 부부가 어쩌다 저렇게 철천지원수가 되었을까? 그런데 행복하게 잘 살다가 하루 아침에 이혼소송을 제기한 사람은 아무도 없었다. 대부분 결혼 초부터 사소한 갈등이 발단이 되어 부부싸움을 반복하다 이혼까지 오게 되었다.

　인주 씨는 부부싸움을 하지 않는다. 남편이 화내거나 소리칠 때는 대꾸하지 않고 낮은 목소리로 "여보, 미안해요!"라고 말하고는 밖으로 나간다. 집 주위를 산책하면서 남편이 왜 화를 냈는지, 어떻게 대응하는 것이 좋을지 곰곰이 생각한다. 30여 분 후 남편의 화가 진정되었다 싶을 때 들어와서 차 한잔 가지고 웃으며 다가간다. "여보, 화가 좀 풀렸어요? 당신이 화내면 얼마나 불안한지 몰라요. 아까는 왜 화냈어요?"라며 말을 건다. 그런 후 남편이 이야기를 하면, "당신 말이 다~아 맞아요. 미안해요!"라면서 존중해 준다. 그러면 남편도 "아니요. 내가 화내서 미안해요!"라며 사과를 한다. 그렇게 하면서 둘은 대화로써 풀어 간다.

이처럼 결혼 초부터 인주 씨가 남편에게 잘 대응한 덕분에 2년 동안 부부싸움을 거의 하지 않았다. 어느새 남편도 아내를 닮아갔다. 요즘 인주 씨가 싫은 소리를 하면 남편도 "미안해요!"라고 말하고는 밖으로 나가버린다. 그리고는 인주 씨가 한 것처럼 한다.

손뼉은 마주쳐야 소리가 난다. 부부싸움도 한 사람이 화를 내거나 큰소리쳐도 받아주지 않으면 싸움이 되지 않는다. 배우자가 화를 내면 즉시 감정적으로 반응하지 마라. 먼저 심호흡을 한 후 목소리를 낮춰서 "미안해요, 여보!"라고 말한 후 그 자리를 벗어나서 대응방법을 생각한다. 아마 그 시간에 배우자도 화난 마음을 진정시키고 있을 것이다. 서로 마음을 진정시킨 후 차분하게 대화하면 어떤 문제나 갈등도 싸우지 않고 풀어갈 수 있다.

배우자에게 화날 때 그 화를 잘 다스리지 못하면 분노가 일어나면서 둘 다 심한 상처를 입는다. 그렇다고 화가 났을 때 무조건 참으면 우울증에 걸리거나 스트레스가 쌓여서 언젠가는 폭발한다. 따라서 화난 마음을 잘 다스리는 것이 매우 중요하다.

화가 날 땐 그 감정을 일단 멈추게 해야 한다. 그래야 배우자와 감정충돌을 피할 수 있다. 운전하다 갑자기 장애물이 나타나면 급히 브레이크를 밟듯이 화난 마음도 급정지시키는 브레이크가 필요하다. 그 브레이크가 'Stop 스위치'다. 그 스위치는 오른쪽 눈 옆 관자놀이에 붙어 있는 가상의 스위치다.

화가 나면 즉시 마음속으로 'Stop!' 하며 그 스위치를 누른다. 그리고 그 장소를 벗어나 심호흡을 하며 천천히 걸으면서 화난 마음을 들여다본다. '무엇 때문에 화가 났는지, 배우자에게 바라는 것이 무엇인지, 어떻게 풀어가는 것이 좋을지'에 대해 생각한다. 그렇게 화난 마음을 진정시킨 후 대화하면 부부싸움을 피할 수 있다.

명심보감에 '인일시지분 면백일지우 忍一時之忿 免百日之憂'가 있다. '한순간의 화를 참으면 백 일의 근심을 피할 수 있다'는 뜻이다. 대부분의 부부싸움은 화나는 그 순간을 참지 못해서 감정이 충돌하는 경우다. 싸움의 원인도 그렇게 크고 대단한 것이 아니라 대부분 사소한 오해나 말투에서 비롯한 것이다. 그렇다 보니 싸운 후엔 그 순간을 참지 못한 것에 후회를 한다. 그래서 화난 마음을 멈추게 하는 'Stop 스위치'가 필요하다.

'부부싸움은 칼로 물 베기'라지만 절대 아니다. 칼로 물을 베면 흔적이 없지만 아무리 사소한 부부싸움도 상처를 남긴다. 손자병법에 '부전이승不戰而勝'이란 말이 있다. '백전백승하더라도 피해를 입게 되므로 싸우지 않고 이기는 것이 최고의 전략이다'라는 뜻이다. 부부싸움도 마찬가지다.

어떤 문제나 갈등이라도 싸우지 않고 대화로써 해결하겠다는 원칙을 정하라. 불만이나 갈등이 일어나면 쌓아두지 말고 적절한 시기에 대화로써 푼다. 공격적이거나 비난하는 말투가 아니라 좋은 말투로 부드럽게 자신의 감정을 전한다. 그리고 배우자에게 잘못한 일은 망설이지 말고 즉시 진실한 마음을 담은 편지나 문자로 전해야 한다. 부부싸움은 이기고 지는 게임도 아니고, 누가 옳고 그른지 판단하는 논쟁대회도 아니다. 상대방의 입장을 이해하기 위해 노력할 때 부부싸움을 피할 수 있다.

다음은 부부싸움을 예방할 수 있는 몇 가지 지혜다.

첫째, 신뢰를 무너뜨리지 마라.

신뢰는 유리컵과 같아서 한번 금이 가면 회복하기 어렵다. 절대 배우자를 속이거나 거짓말하지 마라. 오직 서로에게 진실해야 한다. 혹시 실수했거나 잘못했다면 정직하게 사실대로 이야기하면서 용서를 구해야 한다. 그리고 약속은 반드시 지켜라. 작은 약속들이 지켜져서 신뢰가 형성된다.

둘째, 결혼 전 생활방식에서 벗어나라.

결혼 초 가장 큰 갈등의 원인은 결혼 전 생활방식에서 벗어나지 못하기 때문이다. 누구의 남편과 아내라는 사실을 잠시도 잊지 마라. 사소한 일이라도 배우자의 입장을 먼저 생각해야 한다. 결혼 전 모임이나 취미생활도 배우자와 의논하여 어느 정도 정리해야 한다. 서로 양보하고 타협하면서 함께 맞춰 가는 것이 결혼생활이다.

셋째, 터무니없는 남의 말에 솔깃하지 마라.

'결혼 초에 기선을 제압해야 한다, 배우자는 길들이기 나름이다'와 같은 주위의 터무니없는 말은 한 귀로 듣고 한 귀로 흘려버려라. 결혼은 어느 한 사람이 주도하는 것이 아니라 서로 존중하고 배려하면서 함께 만들어 가는 삶이다.

넷째, 사소한 것에 목숨을 걸지 마라.

약점 없고 부족하지 않은 사람은 없다. 배우자의 사소한 나쁜 습관에는 대범해져라. 생사가 달린 중요한 문제가 아닌 일들, 예를 들어 양말을 벗어서 함부로 던져 놓거나, 용변을 본 후 변기 커버를 내려놓지 않는 것과 같은 사소한 것들은 그냥 넘어가라. 배우자가 잘하지 못하는 것이 눈에 보이면 그것을 잘하는 능력이 자신에게 있다는 증거다.

배우자의 약점을 고치려고 하지 말고 능력이 있는 자신이 직접 해라. 배우자도 차츰 잘못을 깨닫고 고치게 된다. 하지만 상대를 불쾌하게 하거나, 다른 사람에게 좋지 않은 인상을 줄 수 있는 기본적인 매너에 대해서는 기분 나쁘지 않도록 조언해야 한다.

부부싸움의 주된 원인은 성격차이, 외도, 고부갈등, 장서(장모와 사위)갈등, 가사분담, 경제문제, 육아문제 등이다. 그러나 근본적으로는 채워지지 않은 배우자에 대한 친밀감의 욕구가 숨어 있다. 아내는 남편에게 사랑 받지 못한다고 생각하고, 남편은 아내에게 인정받지 못한다고 느끼기 때문에 대화가 사라지고 사소한 일에도 쉽게 화를 낸다. 따라서 부부 사이가 친밀하면 대화가 잘 되어 어떤 갈등도 해결할 수 있다.

최고의 부부싸움 전략은 싸우지 않고 갈등을 해결하는 것이다. 갈등을 잘 해결하려면 먼저 친밀한 부부가 되려고 노력하라. 친밀한 부부는 서로의 있는 그대로를 인정하고 존중한다.

부부싸움의 Key는 아내에게 있다

부부싸움을 하다 몹시 화가 난 남편이 아내에게 소리를 질렀다.
"그럴 거 같으면 나가 버려!"
아내도 화가 나서 벌떡 일어섰다.
"나가라면 못 나갈 줄 알아!"
그런데 집을 나갔던 아내가 잠시 후 자존심을 내려놓고 돌아왔다. 그때까지 화가 풀리지 않은 남편이 소리를 질렀다.
"왜 다시 들어왔어?"
"나한테 가장 소중한 것을 가지러 왔어요."
"그게 뭔데?"
"바로 당신이에요!"
남편은 그만 피~식 웃고 말았다.

인터넷에서 퍼온 글이다. 자존심을 먼저 내려놓고 지혜를 발휘한 아내가 이겼다. 부부싸움 원인의 70~80%는 남편이 제공하지만 부부싸움을 거는 쪽은 70~80%가 아내다. 아내의 위력은 대단하다. 같은 상황에서도 아내가 어떻게 대응하느냐에 따라 부부 사이는 물론 집안 분위기가 달라진다.

백수의 왕인 사자의 세계를 보자. 사자는 사람보다 훨씬 더 이성적이고 지혜롭다. 같은 무리 내의 수컷과 암컷은 절대 싸우지 않는다. 먹이 사냥은 암컷이 하지만 수컷이 먼저 배부르게 먹고 난 후에 암컷과 새끼들이 먹는다. 또 새끼를 키우는 어미는 아무리 화가 나도 수컷에게 대들지 않는다. 이유는 단 하나, 새끼를 보호하기 위해서다. 만약 대들었다가는 수컷이 자신은 물론 새끼도 죽이기 때문이다. 수컷 역시 암컷이 싫어하는 것은 절대 건드리지 않는다. 이처럼 사자는 서로 존중하기 때문에 같은 무리 내에서는 싸움이 일어나지 않는다.

결혼 2년 된 설희 씨 집안은 조용할 날이 없다. 남편이 몰래 어머니께 용돈을 드린 일 때문이다.

"당신, 나 몰래 어머니께 용돈 드렸지?"

"드렸어, 왜? 내가 번 돈으로 우리 엄마 용돈도 못 드려?"

"당신이 벌었다고 어떻게 나 몰래 드릴 수 있어? 몰래 드리는 당신이나 받는 어머니나 똑같아!"

"지금, 말 다했어."

"당신이 번 돈이라고 마음대로 할 것 같으면 혼자 살지, 결혼은 왜 했어?"

남편이 몰래 시어머니에게 용돈 준 것을 알게 된 설희 씨는 몹시 화가 났다. 지난번 친구에게 돈을 빌려준 것도 그렇고, 자기 모르게 한 것이 벌써 몇 번째인지 모른다. 남편에게 무시당했다는 생각이 들어 그만 소리부터 질렀다. 남편도 큰소리치면서 심한 말까지 마구 했다. 이처럼 싸움이 끊이지 않으니 갓 돌이 지난 아기는 늘 칭얼대고 짜증을 부린다.

부모가 큰 소리로 싸울 때 생후 6개월밖에 안 된 아기의 소변 속에서 스트레스호르몬이 다량 검출되었다고 영국의 한 전문가가 발표했다. 아이(영유아를 포함)는 부모의 싸움을 목격할 때 엄청난 불안과 공포를 느낀다. 숨이 막힐 것 같고, 심장이 빨리 뛰어 어떻게 해야 할지 모른다. 아이는 자신이 뭔가 잘못해서 부모가 싸우는 것 같아 죄책감을 갖는다. 부모가 다른 사람들 앞에서 싸울 때는 심한 수치심을 느낀다. 사람이 태어나서 첫 상처는 바로 부모로부터 받는다.

세계적인 부부치료 전문가인 가트맨 박사에 의하면, 아내의 목소리가 크고 공격적이면 남편의 혈압은 급격히 오르고, 맥박은 빨라지고, 호흡이 가빠지는 '이성 마비 상태'에 빠진다. 이 상황에서는 아내가 무슨 말을 해도 귀에 들어오지 않는다. 오직 '공격과 도피' 둘 중에서 선택하여 극단적으로 대응하려고 한다. 그러면 부부 사이에서 대화는 없어지고 싸움만 있을 뿐이다.

대부분 배우자에게 화가 나거나 자신의 뜻대로 안 되면 큰소리부터 친다. 하지만 큰 목소리로는 배우자의 마음을 움직일 수 없다. 큰 목소리는 자신의 화난 감정을 알리는 것과 분풀이 외에는 배우자에게 어떤 영향도 미칠 수 없다.

남편에게 불만이 있거나 속상한 일이 있더라도 아내가 먼저 부드러운 목소리로 다가가라. 미소를 띠면서 손을 잡거나, 어깨에 기대어 부드럽게 말하면, 남편은 대개 아내가 원하는 대로 따라온다. 아내의 부드러운 말씨나 다정한 손길에서 어린 시절 엄마 품에 안겼을 때와 같은 편안한 심리상태가 된다. 이때 아내의 이야기는 자장가처럼 들려서 순순히 받아들이게 된다.

'바가지 긁는 마누라 이야기는 들은 척도 안 하더니 애첩의 간드러진 말에 홀랑 넘어가지 않을 사내는 없다'고 하지 않은가. 아내의 부드럽고 나지막한 목소리와 다정한 눈길이 남편의 마음을 움직인다. 그래서 부부싸움의 열쇠는 아내의 손안에 있다.

전화로 아빠에게 신경질적인 목소리로 공격을 퍼붓는 엄마를 곁에서 지켜본 열 살 된 딸아이가 초롱초롱한 눈을 반짝이며 엄마에게 한마디 했다.

"엄마, 아빠와 사이좋게 지내는 방법을 알려줄까?"

"뭔데? 말해봐!"

"목소리를 바꿔봐! 나도 엄마 목소리를 들으면 도망가고 싶어!"

아내의 짜증스런 목소리는 남편뿐 아니라 자녀들에게도 아주 나쁜 영향을 준다. 아내의 목소리가 크고 신경질적이면 이혼하거나 남편이 일찍 죽을 확률이 높다고 한다. 화는 남편과 아내 모두 잘 다스려야겠지만, 아내가 먼저 화를 다스려서 집안을 좋은 분위기로 이끌어가는 것이 훨씬 더 쉽고 효과도 크다. 왜냐하면 여자는 공격성을 유발하는 호르몬이 남자의 약 10분의 1밖에 나오지 않는다. 남자는 여자의 신경질적인 목소리를 들으면 스트레스 지수가 급격하게 올라가는 반면 잘 떨어지지 않는다. 하지만 여자는 남자에 비해 스트레스 지수가 천천히 올라가면서도 빨리 떨어진다. 부부싸움을 하고 난 후 아내는 쉽게 풀어도, 남편은 오래 가는 이유다.

1950년대 말 스페인의 가브리엘 칼보 신부는 문제 청소년들을 지도하다 그들에게는 모두 문제 부모가 있다는 사실을 알았다. 먼저 그들 부모의 결혼생활이 개선될 수 있도록 지도했다. 놀라운 현상은 부모의 부부관계가 좋아지게 되니 청소년들의 문제가 저절로 해결되었다. 그때부터 그 신부는 부부관계 개선을 위한 'ME 운동'을 시작했다. 현재 세계 60여 개국에서 부부관계 개선을 위한 'ME 주말 프로그램'이 진행되고 있다.

부부싸움은 당사자는 물론 자녀까지 불행하게 만든다. 부부가 싸울 때의 거칠고 화난 목소리는 자녀들에게 심각한 영향을 준다. 여성가족부의 조사에 의하면 가출청소년이 약 20만 명이나 되는데 그들 대부분 가정불화가 심하거나 부모와의 관계에서 문제가 있어 가출한 경우라고 한다. 문제 아이를 만든 원인 제공자는 바로 부모다. 문제 아이는 없다. 다만 문제 부모가 있을 뿐이다.

남편과 갈등이 있을 때 아내는 흔히 어린 자녀 앞에서 남편을 흉보거나 욕을 한다. 엄마 말을 들은 자녀는 아빠를 나쁜 사람으로 믿는다. 왜냐하면 어린 자녀에게 엄마는 신과 같은 존재이므로 모든 것은 엄마를 통해서 배운다. 엄마가 무시하거나 싫어하거나 함부로 대하는 사람은 자녀도 무시하고, 싫어하고, 함부로 대한다. 엄마가 계속 욕을 하면 자녀는 아빠를 미워하는 습관까지 생기면서 자긍심이 없어진다.

자긍심이 없는 사람은 마음이 위축되고 열등감이 많아져서 자신감이 없다. 그러므로 아무리 화가 나더라도 절대로 자녀 앞에서 남편을 욕하거나 허물을 말하지 마라. 그 대신 남편을 존중하라. 그런 엄마를 보면서 자녀도 엄마를 함부로 대하지 않는다.

아빠도 자녀에게 정말 많은 영향을 미친다. 아빠의 가치관, 생활습관, 인간관계뿐만 아니라 모든 것을 그대로 따라 배운다. 아빠가 엄마를 구박하는 것을 보고 자란 자녀는 나쁜 줄 알면서 자신도 엄마를 구박하게 된다. 그러므로 아내를 소중하게 대하라. 그런 아빠를 보고 배운 자녀는 엄마는 물론 아빠를 소중하게 대한다.

"눈 덮인 들판을 걸어갈 때는 함부로 그 발걸음을 어지러이 하지 마라. 오늘 내가 걸어간 발자취가 반드시 뒤따라오는 이의 이정표가 되리라." 서산대사의 말씀이다.

부모는 자녀의 이정표다. 자녀들에게 최고의 선물은 부모가 행복하게 살아가는 모습이다.

부부싸움도 기술이 필요하다!

한 조사에 의하면, 부부 10명 중 9명은 '배우자의 말투에 영향을 받아 부부싸움이 더욱 악화되었다'고 한다. 놀라운 사실은, 부부싸움 중 배우자가 싫어하는 말을 일부러 사용했다는 것이다. 물론 싸우다 보면 감정이 격해지면서 말을 함부로 할 수 있다. 하지만 어떤 경우라도 싸우는 목적을 잊으면 안 된다. 부부싸움은 부부가 좀 더 친밀해지기 위한 의사소통의 한 방법이다.

물론 싸우지 않고 의사소통을 하는 것이 가장 바람직하다. 그렇다고 싸우지 않는 것을 지나치게 중시하면 부부 사이의 친밀감을 놓칠 수 있다. 서로 부딪치지 않으려는 것에 중점을 두다 보면 속마음을 솔직하게 드러내지 않고, 난처한 결과를 가져올 만한 이야기는 아예 꺼내지 않는다. 서로 문제를 외면하고 갈등을 묻

어둔 채 무관심과 방치 속에 살아간다. 배우자를 위해서 해야 할 일보다는 하지 말아야 할 일을 더욱 중요시한다. 밖으로 드러나는 문제가 없다 보니 다른 사람들이 보기에는 좋은 부부로 보일지 모르나 서로에게 동화되지 못하여 깊은 정도, 친밀감도 없다. 오직 한집에 사는 동거인에 불과할 뿐.

따라서 부부가 친밀해지기 위해서는 때로는 배우자를 화나게도 하고, 참견도 하면서, 상처를 주고받는 위험까지 감수하는 부부싸움도 피하지 말아야 한다. 싸우면서 정이 든다지 않는가.

경숙 씨는 결혼한 지 1년 되었다. 거의 매주 한 번꼴로 남편과 싸울 때마다 심한 좌절감에 빠진다. 집안일을 반반씩 하기로 한 결혼 전 약속을 남편은 전혀 지키지 않았다. 평일에는 회사 일이 바쁘다면서 늦게 퇴근하고, 주말에는 동호회 활동으로 외출하거나, 아니면 온종일 잠만 잔다. 다 같이 직장생활 하면서도 집안일은 언제나 경숙 씨 혼자 한다.

너무 힘들고 억울해서 결혼 전 약속을 왜 지키지 않느냐고 따졌다. 남편은 약속을 지키지 않은 것에 대해서는 그럴듯하게 변명하고는 경숙 씨가 조금이라도 실수했거나 잘못한 일을 끄집어내어 조목조목 공격을 했다. 얼마나 논리적으로 말을 잘하는지 남편을 도저히 당할 수 없다. 한참을 싸우다 보면 언제나 경숙 씨의 잘못만 부각되었다. 그때마다 남편에게 당했다는 생각에 분노가 끓어오르고 복수심이 일어났다.

　부부싸움에서 이긴다는 것은 배우자를 제압하여 굴복시키는 것이다. 상대의 약점이나 민감한 부분을 공격하여 상처투성이로 만든다. 하지만 아무리 논리적으로는 이겼더라도 배우자의 마음까지는 얻지 못한다. 부부싸움에서 진 사람은 복수심으로 만회할 기회를 노리게 되면서 싸움의 악순환이 반복된다. 그리고 어느 한 사람이 부부싸움에서 늘 패자로 끝나게 되면, 그 사람은 자신을 별로 중요하지 않은 사람으로 생각하여 절망감에 빠진다. 그렇게 되면 패자인 배우자와 사는 자신도 패자 부부가 되는 것이다.

　나도 예전에는 아내와 다투면 반드시 이겨야 한다고 생각했다. 온갖 심한 말로 몰아붙여서 아내를 완전히 굴복시켰지만 내가 얻은 것은 아무것도 없었다. 아내는 점차 소극적이고, 수동적이 되어 갔다. 오랜 세월이 지난 후에야 깨달았다. 그 당시 아내는 심한 상처를 받아 열등감과 좌절감에 빠져 버렸다. 난 결혼생활에서 패자인 바보 남편이었다. 지금도 아내의 자존감을 높이기 위해 대가를 톡톡히 치르고 있다.

　부부싸움에서 절대 이기려고 하지 마라. 배우자를 이긴 사람보다 더 못난 바보는 없다. 부부가 다투는 것을 '싸움'이 아니라

'치열한 대화'로 생각하자. 그러면 자신의 생각이나 감정을 상대에게 잘 전하려고 노력하게 된다.

부부싸움을 잘하는 기술을 익히면 부부 모두 승자가 될 수 있다.
첫째, '마음노트'를 활용하라.
화가 났을 때는 말로 하면 서로 말꼬리를 잡으면서 핵심주제는 사라지고 감정싸움이 되기 쉽다. 이를 피하기 위해서 부부가 공동으로 '마음노트'를 마련한다. 그 노트에 배우자에 대한 속상하거나 답답한 마음을 적어서 책상에 놓아둔다. 배우자는 그 내용을 읽은 후 답장을 쓰거나 마주 앉아 대화를 한다. 무엇보다 글을 쓰면서 속상한 자신의 감정을 차분하게 정리할 수 있어서 좋다. 배우자도 상대의 감정을 미리 알고 대응방법을 찾을 수 있다. '이메일'이나 '문자'를 활용해도 좋다.

둘째, 배우자의 행위를 비난하지 말고 자신의 감정을 전하라.
"지금이 몇 시야? 전화 한 통 없이 늦으면 어떻게 해! 당신이 제대로 할 줄 아는 게 뭐가 있어?"라는 식으로 배우자의 행위를 비난하지 마라. 그보다는 "~했을 때 무시당하는 것 같아 얼마나 화나는지 몰라요!"라는 식으로 자신의 감정을 부드럽게 표현해라. 행위를 비난 받으면 설령 잘못했더라도 미안한 마음이 일어나지 않고 방어적이 되어 반격을 한다. 하지만 그 말이 자신을 공격하는 것이 아니라는 것을 알게 되면 배우자의 마음은 수용적이 된다.

셋째, 당면한 문제에만 집중하라.

부부싸움의 직접적인 원인과 관련 없는 과거의 실수나 잘못은 꺼내지 않는다. 아무리 말해도 진전이 없거나, 이야기할 때마다 부딪히는 어쩔 수 없는 문제도 꺼내면 안 된다. 오직 당면한 문제에 대해서만 이야기하라. 특히 주제와 상관없는 상대방의 성격, 집안, 능력 등과 같이 어떻게 할 수 없는 부분은 절대로 공격하지 마라. 혹시 주제를 벗어난 얘기를 하면, "오늘 주제는 그게 아니잖아?"라고 제동을 걸어라. 그래야 감정싸움으로 번지는 것을 막을 수 있다.

넷째, 흥분하면 'Time out'을 선언하라.

부부싸움은 사소한 것에서 시작하지만 흥분하면 이성이 마비되어 언행이 과격해지면서 걷잡을 수 없게 된다. 이를 피하기 위해서 어느 한 사람이라도 목소리 톤이 올라가거나, 열이 오르면서 흥분할 조짐이 보이면 즉시, 'Time out!'을 선언하면서 싸움을 멈추어라. 그리고 각자 떨어져서 싸움의 원인과 해결방법이 무엇인지 생각을 정리한다. 감정을 진정시킨 후 대화를 다시 시작하면 쉽게 문제를 해결할 수 있다. 이 'Time out'은 부부싸움이 폭력이나 극단적인 충돌로 번지는 것을 막기 위한 것으로써 미리 부부가 약속해야 한다.

다섯째, 부부싸움에 제3자(시댁이나 처가식구, 친구, 직장동료 등)**를 절**

대 끌어들이지 마라.** 부부싸움은 두 사람의 문제다. 다른 사람을 끌어들이면 자존심에 상처만 줄 뿐 전혀 도움되지 않는다. 그리고 어떤 경우라도 양가 부모를 건드리지 마라. 자신을 직접적으로 비난하는 것보다 훨씬 더 모욕감을 준다. 양가와 관련된 일(부모 부양, 생활비 지원, 용돈, 선물 등)에는 같은 말이라도 신중하고 좋은 말로 표현해야 한다. 하지만 두 사람이 아무리 대화해도 해결할 수 없는 문제는 전문가에게 도움을 받는 것이 좋다.

여섯째, 폭언, 폭력, 물건을 던지는 행위는 절대 하지 마라.

아무리 화가 나더라도 해서는 안 될 말과 행동이 있다. 순간의 화를 참지 못하고 "이혼하자, 헤어지자"와 같은 말과 "돈도 못 버는 주제에, 제대로 할 줄 아는 것이 뭐 있어?" 등과 같이 모욕감을 주는 말을 해서는 안 된다. 언어폭력도 신체폭력처럼 배우자에게 크나큰 상처를 준다. 어떤 경우라도 배우자에게 직접적인 폭력을 행사하거나 물건을 집어던지면 안 된다. 그건 부부싸움을 막다른 골목으로 몰아갈 뿐이다.

일곱째, '링' 안에서 싸워라.

처음 싸우기 시작한 장소를 벗어나지 말고 그곳에서 마무리해야 한다. 밖에서 싸움을 시작했다면 집에 들어가기 전에 반드시 끝내고 화해한 후 들어간다. 그리고 싸우다 홧김에 집을 나가거나 친정으로 달려가면 안 된다. 그건 감정의 골만 깊어지게 할 뿐이다. 또한 싸운 후에도 다른 방에서 자지 마라. 싸웠다고 '식사를 준비하지 않는다'거나 '일부러 퇴근을 늦게 한다'와 같은 부부로서의 기본적인 도리를 다하지 않는 행동은 하면 안 된다. 한번 하게 되면 습관이 되기 때문이다.

여덟째, 둘만이 있을 때 싸워라.

부부싸움에는 관객이 전혀 필요하지 않다. 반드시 둘만 있을 때 싸워야 감정싸움이 되지 않는다. 특히 자녀가 보는 앞에서는 절대 싸우지 마라. 자녀(영아, 태아까지)가 비록 말을 하지 못하더라도 느낄 수 있는 능력은 있다. 부모가 잘 싸우는 자녀는 정서적으로 불안하고 자존감이 없어진다.

아홉째, 반드시 그날 화해하라.

부부싸움은 마무리가 중요하다. 다음 날까지 냉랭한 분위기가 이어지지 않도록 그날로 화해하라. 화해는 서로를 사랑하기로 다시 결심하는 것이다. 진실한 마음에서 우러나는 사과만이 배우자의 상처를 치유할 수 있다. 한 사람이 화해를 청해 오면 외면하지 말고 받아주어라. 진심으로 사과하고 용서한 후 포옹으로 마무리하는 것이 진정한 화해다.

부부싸움에는 독과 약이 함께 들어 있다. 대청소를 하고 나면 집안이 쾌적한 것처럼, 부부싸움도 잘하면 마음속에 쌓여 있던 감정의 응어리가 해소되어 부부관계가 더 친밀해질 수 있다.

결혼은 두 집안의 만남

'연애는 두 사람의 일이지만 결혼은 두 집안의 만남이다.'

집안마다 생활환경과 문화가 다르다. 과거에는 며느리가 시댁에 완전히 편입되었다면, 지금은 사위는 처가, 며느리는 시댁의 문화를 받아들여서 새로운 문화를 만든다. 그 과정에서 양가 가족과 새로운 관계를 맺으면서 어려움을 겪는다. 부부 사이는 아무런 문제가 없더라도 가족이 관련되면 예민해져서 갈등이 일어날 수 있다. 가족과 융화가 되지 않으면 배우자는 중간에서 이중의 고통을 받는다. 배우자가 고통스러우면 부부 사이에도 문제가 일어날 수 있다.

결혼 전에는 가족에게 전혀 신경 쓰지 않던 아들딸이었지만 결혼 후에는 다들 효자효녀가 된다. 그만큼 부모에게 민감하다. 배우자의 혈육에 대해서는 사소한 것이라도 조심하고 신경을 써야만 갈등을 피할 수 있다. 비록 부부 사이에는 아무런 문제가 없더라도 가족이 불씨가 되어 언제든지 갈등이 일어날 수 있다. 두 사람이 친밀해지는 것 못지 않게 가족관계에 관심을 가져야 하는 이유다.

결혼 5개월 된 성범 씨는 맞벌이 부부다. 한창 즐거워야 할 신혼인데 부모님 용돈문제로 아내와 갈등하고 있다. 부모님은 일정한 수입이 없어 자식들이 주는 용돈으로 생활을 한다. 그런데 처가는 장인이 직장에 다니고 있어서 안정된 생활을 하고 있다. 용돈으로 매월 본가에는 30만 원, 처가에는 10만 원씩 드리자고 했지만 아내는 다 같은 부모인데 20만 원씩 공평하게 드리자고 한다. 이 문제로 월급날만 되면 마음이 불편하다. 물론 아내도 남편에게 서운하다. 자신의 연봉이 더 많은데도 친정부모에게 적게 드리자고 하니까.

결혼 후 부모문제로 갈등하는 부부들이 많다. 연애시절에는 둘만 좋으면 되었지만 결혼 후에는 양가 가족과 집안 대소사까지 얽힌다. 예전에는 여자는 출가외인이라며 모든 것이 남성 중심의 시댁 위주였다. 하지만 이제는 아니다. 남자 위주로 해야 할 당위성이 사라졌다. 남성 중심의 호적법도 폐지되었다. 핵가족이라 집집마다 자녀도 한둘뿐이고, 다들 귀하게 키웠다. 양가 집안으로 인한 갈등을 없애려면 시댁과 처가를 공평하게 대해야 한다.

그런데 공평의 기준은 무엇일까? 대부분 현금 액수나 숫자의 균등을 공평이라고 생각한다. 과연 그런 균등이 공평일까? 양가 부모님께 같은 금액을 드렸더라도 부부 중 어느 한 사람의 마음이 불편하다면 결혼생활은 행복하지 않다.

부부 사이는 거래관계가 아니다. 진정한 공평은 절대적인 숫자의 균등이 아니라 배우자를 배려하는 마음의 균등이다. 상대적으로 어려운 집안에는 경제적으로 좀 더 배려하고, 다른 집안은 정서적으로 좀 더 배려하면 된다. 이때도 배우자의 입장을 헤아려서 먼저 배려해야 한다. 시댁이든 친정이든 양쪽 다 내 가족이다. 그게 진정한 사랑이자 공평이다.

아내가 남편보다 연봉이 많을 경우 비교적 목소리가 클 수 있다. 하지만 지혜로운 아내는 남편의 자존심인 연봉을 건드리지 않는다. 아내보다 연봉이 작을 경우 말하지 않아도 남편은 위축되어 있다. 아내가 전업주부라고 해서 남편이 우위일 수 없듯이 연봉이 남편보다 많다고 해서 아내가 우위일 수 없다. 결혼생활은 어느 한 사람이 우위에 있는 것이 아니라 동등한 관계다.

양가와 관련한 갈등을 피하려면 미리 집안행사에 대한 참여방법과 예산을 구체적으로 합의해야 한다. 부모생신, 용돈, 제사, 명절(시댁과 처가에 언제 갈 것인지 등), 친척행사, 방문횟수, 식사대접

등 양쪽 집안행사를 파악하여 반드시 참석해야 하는 행사, 참석하지 않고 선물이나 현금을 보내는 행사, 상관하지 않아도 될 행사 등으로 분류한다. 신혼시절은 종잣돈을 모아야 하는 매우 중요한 시기이므로 예산은 체면에 구애 받지 말고 최소한의 비용으로 책정한다.

이 분류는 부모님 의견을 무조건 따르거나 가족을 우선하면 부부의 생활이 없어져서 갈등의 원인이 되므로 부부를 중심에 두고 양가의 사정을 고려하여 결정한다. 하지만 부모에 대해서는 매우 예민하므로 배우자의 자존심이 상하지 않도록 신중하게 접근하라. 양가 행사에 대한 참여여부와 예산을 부부가 합의한 후 부모님께 솔직하게 말씀 드리면 대부분 수용해 주신다. 부모는 자식들이 알뜰하게 살기를 하나같이 바라니까. 이렇게 연간 집안행사 계획을 세웠더라도 예상하지 못했던 일들이 일어날 수 있다. 이때도 반드시 공평하게 합의해야 한다.

결혼 후 애착대상은 부모가 아닌 배우자다. 각자 부모로부터 심리적, 경제적으로 완전히 독립해야 한다. 만약 부모와의 관계가 결혼 전처럼 지속된다면 반드시 부부관계에 악영향을 준다. 부모로부터 독립이 없으면 간섭을 피할 수 없다. 가장 먼저 의사결정의 독립이다. 무슨 일이든지 부부의 일은 당사자가 합의해서 결정해야 한다.

만약 배우자와 쉽게 합의되지 않는다고 부모와 상의하기 시작하면 그때부터 부모는 부부의 일에 참견한다. 부부갈등의 가장 큰 원인은 양가 어머니의 간섭과 참견이다. 따라서 어머니로부터 심리적, 경제적으로 독립하는 것이 고부관계, 장서관계를 바로 세우는 길이다.

우리나라 사람들은 대체로 부모의 간섭은 싫어하면서도 도움은 당연하다고 생각한다. 세상에 공짜는 없다. 심리적이든, 경제적이든, 가사나 아기를 돌봐주는 것이든, 부모로부터 도움을 받으면 간섭이란 대가도 반드시 함께 온다. 어떤 도움에도 의무와 책임이 따른다는 것을 잊지 마라. 도움 받을 것은 다 받으면서 정작 도리와 책임을 다하지 않으면 시댁, 처가와의 갈등은 불 보듯 뻔하다.

양가 부모에게 휘둘리지 않고 당당하게 살고 싶은가? 어떤 어려움이 있더라도 부부 스스로 해결하겠다는 의지와 용기가 필요하다. 양가 가족은 부부를 중심으로 연결되어 있다. 부부가 중심을 잡으면 양가 가족으로 인한 어떤 어려움도 극복할 수 있다. 부부가 함께하면 배우자 가족과도 원만하게 잘 지낼 수 있다.

시댁과 처가와 갈등 없이 원만하게 잘 지내고 싶은가?
첫째, 양가 집안의 전통과 풍습을 존중하라.

명절이나 제사의 상차림 등 집안 행사마다 고유의 전통과 풍습이 있다. "우리 집은 이렇게 하는데…" 식으로 어른들 앞에서 자기 본가와 비교하면 안 된다. 로마에 가면 로마법을 따라야 한다. 시댁과 처가의 전통과 풍습을 존중하고 하루 빨리 적응하려고 노력하라.

둘째, 서로의 종교를 존중하라.

배우자 부모의 종교를 절대 비난하거나 비판하지 마라. 특히 배우자에게 자신의 종교를 강요하면 안 된다. 누구나 자신의 신앙을 선택할 권리가 있다. 신앙생활에 간여하면 불화가 일어날 수밖에 없다. 양가의 종교를 그대로 인정하고 존중하라.

셋째, 가족의 개성을 존중하라.

사람마다 여가시간을 보내는 방법, 옷 입는 취향, 좋아하는 음식, 말투 등 모두 다를 수 있다. 배우자 가족의 개성을 인정하고 존중하라. 그럴 때 새로운 가족과 원만하게 지낼 수 있다.

사랑하는 배우자 가족은 바로 내 가족이다. 배우자가 내 가족과 융화할 수 있도록 사다리가 되어라.

사랑 받는 며느리의 지혜

"난, 너를 딸처럼 생각한다."

이 한마디에 감동하는 며느리가 많다. 하지만 친정엄마처럼 시어머니와 다정하게 지내겠다는 욕심을 갖지 않는 것이 좋다. 기대가 크면 실망도 클 수밖에 없다. 친정엄마와는 피로 맺은 관계지만, 법적으로 맺어진 시어머니와는 노력하지 않아도 만들어지는 관계가 아니다.

시어머니도 사람이기 때문에 일관적이지 못할 때가 있다. 기분 좋을 때는 딸처럼 여기다가, 며느리 도리를 다하지 않는다는 생각이 들 때는, "감히 네가…"라며 화를 낸다. '시어머니는 시어머니일 뿐'이라는 사실을 인정하고 항상 일정한 거리(임계거리)를 두면서 다가가는 것이 좋다. 너무 가까이 하면 고슴도치처럼 서로를 찌르니까. 그러면서 노력할 때 사이 좋은 고부관계로 발전할 수 있다.

결혼한 지 2년 된 태진 씨는 예고 없이 불쑥 찾아오는 어머니 때문에 얼마나 불편한지 모른다. 그때마다 맞벌이하느라 바쁜 아내는 너무나 당황한다. 어머니는 어수선한 집안 모습을 보자 아내에게 야단까지 쳤다. 얼마나 스트레스를 심하게 받았는지 아내는 병원에서 치료까지 받았다.

도저히 안 되겠다 싶어 태진 씨는 어머니께 부탁을 드렸다. 그 말을 듣자 어머니는 충격을 받았다. 몹시 서운했지만 아들이 불편하다는 데 어떻게 하겠는가. 그 후로는 아들과 며느리의 일정을 확인한 후 방문을 한다.

어머니로 인해 아내가 힘들어 할 때 남편은 어떠한 경우에도 아내의 든든한 울타리가 되어라. 특히 어머니와 아내 사이에서 갈등의 원인을 제공하지 말아야 한다. 어머니나 아내와 나누었던 이야기를 서로에게 그대로 전하면 안 된다. 칭찬과 감사의 말은 괜찮지만 자칫하면 말이 와전되어 갈등의 불씨가 될 수 있다.

만약 어머니와 아내가 서로에 대한 불만을 이야기하면 양쪽 모두에게 공감해 주고 위로해 주어라. 어머니 말씀에도 "네~", 아내 이야기에도 "네~". '안방에 들어오면 어머니 말이 맞고, 부엌에 들어가서는 아내 말이 맞다'는 옛 이야기처럼.

그럼에도 불구하고 아내가 어머니와 갈등상황에 빠졌을 때는 중재하려고 나서지 마라. 해결되지 않고 오히려 악화될 뿐. 남편은 중재자가 아니라 아내 편이 되어야 한다. 어머니와는 혈육관계라서 끊으려야 끊을 수 없지만 아내와는 사랑과 신뢰만으로 유지되는 계약관계다. 이 상황에서 남편이 아내를 적극적으로 지지해 주지 않거나 편을 들지 않는다면 부부의 신뢰는 무너진다.

나의 경우, 남편은 시댁에서 어떤 경우라도 확실하게 내 편이 되어 주었다. 시어머니와 갈등이 있을 때도 내 의견을 지지해 주었고, 시어머니가 나를 힘들게 하지 않도록 때로는 시아버지에게 부탁까지 하면서 나를 지켜 주었다. 시어머니로서는 그런 아들이 많이 서운했겠지만 나한테는 그런 남편이 그렇게 든든할 수 없었다. 남편은 내가 맏며느리로서의 위치를 확보할 수 있도록 다른 가족과의 관계에서도 든든한 내 편이 되어 주었다. 남편이 확실하게 울타리가 되어 준 덕분에 나는 어떤 어려움도 극복할 수 있었다.

시어머니와 며느리는 평생을 경쟁한다. 남자를 가운데 두고 서로 주도권을 행사하려고 한다. 며느리에게 소유권(?)을 양도해 주었으면서도 아들과는 피로 얽힌 관계이기 때문에 쉽게 포기하지 못하고 집착을 한다. 그래서 고부갈등은 끊어지지 않는다.

하지만 며느리의 처신에 따라 건강한 고부관계가 형성될 수 있다. 물론 시어머니의 마음가짐이 더욱 중요하지만.

다음은 고부관계를 건강하게 만드는 데 도움이 될 몇 가지 지혜다.

첫째, 남편은 시어머니의 귀한 아들임을 잊지 마라.

시어머니 앞에서 남편을 비난하거나 공격하면 안 된다. 그것은 자신에게 하는 것이라고 생각하여 매우 불쾌하게 받아들인다. 남편에 대한 칭찬 역시 지나친 것은 좋지 않다. 그러면 아들이 며느리에게 푹 빠졌다고 인식하면서 경계한다. 시어머니에겐 남편의 흉도, 칭찬도 적당하게 요령껏 하라.

둘째, 남편에게 편가르기를 강요하지 마라.

고부갈등이 있을 때마다 많은 아내들은, "당신은 누구 편이야? 어머니와 내가 물에 빠지면 누굴 먼저 건질 거야?"라며 편가르기를 강요한다. 어린아이에게 "아빠가 좋아, 엄마가 좋아?"라고 묻는 것처럼 아무런 의미가 없다. 오히려 부부싸움의 원인만 될 뿐이다. 시어머니, 남편, 며느리는 삼각관계다. 그 중간에 있는 남편을 곤경에 빠뜨리지 않아야 내 편이 된다.

셋째, 시어머니에게는 아는 것도 물어라.

"어머님, 된장국이 너무 맛있는데 어떻게 끓였어요?" "어머님, 시금치 무칠 때 간은 어떻게 하죠?" 남편과의 관계에 대해서도, "어머님, 영철 씨가 고집을 부릴 때는 어떻게 하면 될까요?"
"어머님, 아버님께서 화내실 때는 어떻게 대응하셨어요?"

이럴 때 시어머니는 며느리로부터 존재가치를 인정받으니까 기분이 참 좋다. 이러한 질문은 시어머니로부터 삶의 지혜와 사랑을 동시에 얻는다.

넷째, 진심으로 감사와 칭찬을 하라.

시어머니도 며느리와 잘 지내기 위한 방법을 찾으려고 많이 노력한다. 그런데 며느리가 먼저 다가오지 않거나 관심을 가져 주지 않으면 서운하다. 잔소리가 많은 시어머니는 며느리에 대한 관심과 염려가 많다는 의미다. 여기저기 아프다거나 투정이 많으면 며느리로부터 관심과 사랑을 받고 싶다는 증거다.

시어머니의 심리에 대해 조금만 생각해 보면 무엇을 원하는지 알 수 있다. 사소한 것이라도 긍정적인 점을 찾아서 진심으로 감사와 칭찬을 드려라. 특히 많은 사람들 앞에서의 칭찬은 시어머니의 자존심을 세워준다. 칭찬하는 며느리를 좋아하지 않을 시어머니는 없다.

다섯째, 시어머니에게 잘 보이기 위해 억지로 노력하지 마라.

착한 며느리가 되겠다는 강박관념이 무조건 참고 견디게 만들어서 오히려 문제를 키우게 된다. 그러다 문제들이 쌓여 사소한 계기로 폭발하거나 실수라도 하게 되면 고부관계는 더 나빠질 수 있다. 며느리로서 할 도리는 다 하면서 시어머니의 지나친 대우

(?)에는 냉정하다는 말을 듣더라도 예의를 갖춰서 자신의 생각을 분명하게 말씀 드리는 것이 좋다. 단, 같은 말이라도 시어머니의 기분을 거스르지 않도록 "어머님, 저는 이렇게 생각해요"처럼 제안하는 방법으로. 또한 갈등이 있더라도 먼저 마음을 열고 다가가면 같은 여성이라는 동질감이 느껴져서 의외로 쉽게 풀어진다. 문제에 직면해야 갈등도 해결하고 남편의 사랑도 얻는다.

여섯째, 자주 안부전화를 드려라.

안부전화 한 통이 시부모를 든든한 지지자로 만든다. 남자는 특성상(일이 우선, 단순함) 필요하지 않을 때는 전화하지 않는다. 그 부분을 며느리가 보완해 주는 것이 좋다. 아들의 전화보다 며느리의 전화를 시부모는 더욱 좋아한다.

나 역시 시부모님께 남편보다 훨씬 자주 안부전화를 드린다. 아들은 전화하지 않더라도 아무 말씀을 하지 않지만, 내가 자주 전화 드리지 않으면 왜 전화하지 않느냐고 역정을 내신다. 대부분 시부모의 공통점이다. 또 시댁을 방문하기 전에는 미리 연락을 드려야 한다. 며느리에게 어수선한 집 안을 보여주고 싶지 않은 시어머니의 자존심도 있다.

끝으로, 시부모님의 말씀을 액면 그대로 믿지 마라.

언젠가 명절 때였다. 시어머니께서 "얘야, 길도 멀고 도로도 막히는데 오지 마라" 하고 몇 번이나 말씀하시길래 정말 가지 않았다. 결과는 야단이 났다. "넌 어찌 오지 말라고 한다고 오지 않느냐!"며 화를 내셨다. 그 뒤로부터 시부모님의 말씀을 잘 소화해서 듣는다. 시부모님 말씀을 곧이곧대로 받아들이면 큰 낭패를 본다.

결혼한 지 3년 된 일규 씨는 어머니 이야기만 나오면 마음이 아프다. 아내 앞에서는 어머니와 전화도 제대로 할 수 없고, 용돈조차 드릴 수 없다. 생각다 못해 누이의 계좌로 어머니 용돈을 매달 5만 원씩 송금한다. 그런 아들을 보면서 어머니는 가슴을 쓸어내린다.

시어머니는 결혼과 동시에 아들과 단절된다. 며느리 눈치 보느라 아들과 전화통화도 맘대로 할 수 없다. 하지만 딸은 결혼 후에도 예전처럼 친정엄마와 자유롭게 지낸다. 친정엄마가 딸과 통화하면서 잘 지내고 싶듯 시어머니 마음도 같다. 이런 시어머니 마음을 헤아려 남편이 어머니와 통화하더라도 그 내용을 일일이 캐묻지 마라. 아내가 들어서 좋은 이야기는 하겠지만 좋지 않은 내용은 묻어두고 싶다. 아내도 친정에 대해 감추고 싶은 부분이 있듯 남편도 그렇다. 몰래 시어머님께 소액의 용돈을 가끔 드리더라도 모르는 척 넘어가라. 아내도 몰래 친정부모님께 용돈을 드리고 싶을 때가 있는 것처럼. 눈에 보이지 않는 남편의 자존심을 지켜주는 일이다.

시어머니는 친정엄마처럼 아들 집에 마음 편하게 가지 못한다. 행여 아들 집에 가더라도 냉장고 문도 마음대로 열지 못하는 게 시어머니다. 친정엄마나 시어머니나 자식에 대한 사랑은 똑같은데도 시어머니는 늘 아들을 생각하며 마음을 졸인다.

시아버지 사랑은 며느리 하기 나름이다.
시아버지와 갈등이 생기면 고부갈등보다 더 심각할 수 있다. 아예 대화 자체를 거부한다. 하지만 며느리 사랑은 시아버지라고 하지 않은가. 조금만 관심을 기울이면 얼마든지 사랑 받는 며느리가 될 수 있다. 시아버지의 표현이 서툴거나 말씀이 없더라도 너무 어려워하거나 피하지 말고 먼저 웃으면서 살갑게 다가가라. 며느리의 사랑스런 애교에 기뻐하지 않을 시아버지는 없다. 그렇지만 너무 가까이 다가가지 마라. 시어머니가 질투할 수 있다. 어디까지나 시아버지에게 가장 가까운 사람은 시어머니다.

시댁에서 사랑 받는 며느리가 되고 싶은가? 며느리로서 해야 할 도리를 요구하기 전에 자발적으로 하라. 시어머니에게는 아는 것도 물으면서 살갑게 다가가라.

사위 사랑은 장모?

얼마 전 한 결혼정보업체의 조사에 의하면, 신혼부부들의 가장 큰 이혼사유는 남성의 '처가와의 갈등'이 26%로, 여성의 '시가와의 갈등(17%)'보다 훨씬 더 높았다. 며느리와 시어머니 간의 고부갈등姑婦葛藤은 점차 줄어드는 반면 장모와 사위 간의 갈등이 결혼생활의 파경원인으로 늘어나면서 사위와 처가의 갈등인 '장서갈등丈壻葛藤'이라는 신조어까지 등장했다. 장서갈등이 늘어난 이유는 딸에 대한 부모의 관심이 커졌기 때문이다.

자녀 수가 줄면서 결혼한 딸에게 관심을 끊지 못하는 부모들이 늘어났다. 고학력 전문직으로 사회에 진출한 딸에 대한 기대는 높은데 그만큼 받쳐주지 못하는 사위에게 실망하면서 간섭을 한다. 처가의 경제력이 시댁보다 높을 경우 장모의 발언권과 간섭은 더욱 심해져서 사위를 무시하는 경향까지 나타나고 있다. 장모가 도와주는 건 좋아하면서 간섭하고 참견하는 것을 사위는 싫어한다. 하지만 장모는 고생하는 딸을 보고 개입하지 않을 수 없다는 입장 차이로 장서갈등이 발생한다.

영철 씨는 지난해 10월 결혼을 했다. 맞벌이라서 출산 후에는 장모의 도움을 받아야 하기 때문에 처가 근처에 집을 얻었다. 장모는 딸의 살림을 도와준다는 이유로 신혼집을 들락거리면서 일일이 간섭을 했다.

"김 서방, 책상정리가 이게 뭐냐? 빨래는 벗었으면 세탁기에 집어넣어라, 진공청소기를 돌려라, 왜 이렇게 퇴근이 늦느냐?"

영철 씨는 자기 집인데도 마음 편하게 쉬지 못하고, 물건 하나도 마음대로 손대지 못한다. 심지어 장모는 전셋집 대출금은 물론 매달 저축과 생활비가 얼마인지도 일일이 확인하고 참견한다. 또 주말마다 식구들과 함께 식사하자면서 처가로 부른다.

아내에게 장모의 간섭이 너무 심해서 힘들다고 했지만, "엄마가 우리 잘 되라고 악의 없이 하는 말에 당신이 너무 민감하게 받아들이는 것 아니냐?"며 오히려 핀잔을 주었다. 아내와도 대화가 되지 않으니 참 답답하다.

장모와 마주치는 것조차 싫어서 야근과 회식을 핑계로 늦게 들어오고, 휴일에는 아예 회사에 출근해서 하루를 보낼 때도 있다. 영철 씨는 '처갓집은 멀수록 좋다'는 옛말이 무슨 뜻인지 알게 되었다며 한탄을 했다.

　장모와 사위 갈등은 결혼 후에도 딸에게 집착하는 장모와 엄마로부터 떨어지지 못하는 딸이 함께 만든 합작품이다. 육아나 가사 도움을 이유로 친정에 밀착할수록 남편은 더욱 고립된다. 결혼 후 가장 우선해야 할 사람은 친정엄마가 아니라 남편이다. 친정엄마와 자매처럼 가까이 지내면서 의지하다 보면 편할 수는 있어도 남편은 밖으로 겉돌 수밖에 없다. 부부 사이가 멀어지는 것은 물론 남편과 친정엄마와의 관계도 나빠진다. 결과적으로 딸은 남편과 친정엄마 사이에서 이중으로 스트레스를 받게 된다.
　남편과 친정엄마의 갈등을 막기 위해서는 아내의 역할이 매우 중요하다. 친정엄마가 남편에게 지나치게 간섭하고 참견하면 적극적으로 막아야 한다. 그리고 친정에 대한 남편의 이야기에 귀 기울여 들어주고 해결해야 한다. 남편과 친정의 갈등을 없애려면 힘들더라도 친정으로부터 정서적, 경제적으로 독립하라. 젊을 때의 고생은 돈을 주고도 살만큼 충분한 가치가 있다.

　사위도 처가의 가족이 되기 위해 적극적으로 노력해야 한다. 사랑하는 아내의 부모도 이제는 내 부모다. 아내를 위해서라면 무엇인들 못하겠는가? 처가로부터 도움 받는 것을 당연하게 생각하지 말고 즉시 감사한 마음을 표현하라. 그분들의 기념일을 잊지 않고 챙기는 것은 자식의 기본 도리다. 처가의 각종 대소사에 참석하고 궂은일에도 적극적으로 참여해야 한다. 특히 장모와 좋은 관계를 만들기 위해서는 정성을 들여야 한다.

첫째, 안부전화를 자주 하고 살갑게 다가가라. 둘째, 장모의 이야기에 맞장구를 치면서 끝까지 잘 들어라. 셋째, 장모가 좋아하는 음식이나 취미를 파악해서 무리하지 않는 범위 내에서 자주 제공하라. 장모는 딸을 존중하고 배려하면서 듬뿍 사랑해 주는 사위를 가장 좋아한다.

만약 아내가 가끔 몰래 친정을 위해서 약간의 돈을 썼더라도 삼척동자(알고도 모르는 척, 듣고도 못 들은 척, 보고도 못 본 척)가 되어라. 아내에 대한 배려이자 자존심을 지켜 주는 일이다.

사위와 갈등을 일으키는 쪽이 장인이라면 문제는 더 심각할 수 있다. 장인에게 사위는 딸을 빼앗아간 도둑놈이다. 사위와의 갈등을 비교적 부드럽게 풀어가는 장모에 비해 가부장적인 장인은 심각한 도전으로 받아들인다. 장인은 사위를 경쟁대상자로 생각한다. 그러나 사위는 어떠한 경우라도 장인에게 맞서지 마라.

장인 앞에서는 아내를 왕비처럼 대하라. 입으로는 팔불출이라고 말할지라도 속으로는 아주 흡족해하며 사위를 대견스럽게 생각한다. 장인이 좋아하는 음식이나 취미가 무엇인지 파악하여 가끔씩 챙겨드려라. 목욕탕에 함께 가서 등도 밀어드리고 안

부전화도 자주 드려라. 장인과의 관계가 좋으면 장모와의 갈등은 쉽게 풀 수 있다.

결혼한 지 1년이 조금 지난 일영 씨는 하루하루가 고달프다. 업무가 영업파트라서 퇴근시간이 늦는 것은 물론 간혹 술을 마시고 들어온다. 딸의 산후조리를 위해 집에 와 있는 장모의 눈에 사위의 이런 모습이 곱게 보일 리 없다. 장모는 사위를 길들이려고 저녁시간의 육아를 사위에게 맡겼다. 하룻밤에 두세 번씩 일어나서 아기 분유를 먹이다 보니 낮에는 회사 업무, 밤에는 육아에 시달렸다. 며칠 되지 않아 몸과 마음이 지칠 대로 지쳐 갔다.

심지어 장모와 아내는 아침식사를 차려주지 않는 것은 물론 출근할 때까지 일어나지 않는다. 어떻게 이럴 수 있느냐며 아내에게 항의해 보았으나 아무 소용이 없다. 하는 수 없이 장인에게 도움을 요청했다. 장인은 사위의 어깨를 두드리면서 미안하다고 했다. 장인의 도움으로 장모와는 물론 아내와 위기에서 벗어날 수 있었다.

일영 씨는 장인이 얼마나 고마운지 모른다. 장인의 한마디는 일영 씨에게 큰 힘이 되었다. "김 서방, 난 언제나 자네 편일세. 어려울 땐 언제든지 도움을 요청하게!"

어려울 수도 있지만 남자의 입장을 이해해 줄 사람은 처가에서 장인뿐이다. 평소 장인에게 살갑게 다가가서 좋은 관계를 만들어라. 또한 아내의 형제자매에게 궂은일이 생기면 최선을 다해 도와주어라. 그들도 언젠가 내 편이 될 것이다.

요즘 결혼하는 부부는 점차 처가 중심으로 되고 있다. 아내가 시댁보다 친정식구들과 어울릴 때 더 편안해한다. 남편 역시 그런 아내를 따라 처가 식구들과 시간을 보내는 게 더 편안할 수 있다. 장인 장모도 눈치 보는 아들과 며느리보다 마음을 알아주고 살갑게 다가오는 딸과 사위가 훨씬 더 좋고 편안하다. 하지만 처가와 어울리는 시간이 많아지면서 장모는 자연스럽게 사위를 간섭하게 된다. 사위 입장에서는 사사건건 다 챙기려는 장모가 부담스럽다. 간섭하고 통제한다는 생각이 들면서부터 장서갈등이 시작한다.

그런데 처가식구들과 쉽게 어울리지 못하는 남편도 있다. 이 경우 아내는 남편에게 세심하게 관심을 가지고 배려해야 한다. 친정에서 남편의 위치가 당당해질 수 있도록 남편의 입장에서 생각하고 지지하라. 지혜로운 아내는 아무리 사소한 일이라도 남편의 허물은 절대 친정부모에게 말하지 않는다.

처가식구들과 잘 지내고 싶은가? 처가로부터 경제적, 심리적으로 독립을 하라. 장인 장모도 내 부모라 생각하고 먼저 챙기고 살갑게 다가가라.

하루를 활기차게 만드는 아침행사

"가정의 웃음은 가장 아름다운 태양이다."

영국의 소설가 윌리엄 새커리William M. Thackeray가 말했다. 태양보다 더 좋은 영향을 주는 것이 가정의 웃음이다.

미국 프로야구 동양인 최다승 투수인 박찬호 선수는 몇 년 전 TV에 출연해서 성공비결을 아내의 웃음 덕분이라고 했다. "아내는 잘 웃어요. 아내의 웃는 모습은 언제나 큰 힘이 되었어요. 집을 나설 때는 웃으면서 배웅해 주었고, 집에 들어가면 늘 아이들과 함께 웃으면서 맞아주었어요. 기분 나쁜 홈런이나 실수를 쉽게 잊어버릴 수 있었습니다."

이렇듯 아내의 편안한 웃음은 남편에게 큰 위안과 용기를 준다.

하루의 기분을 결정하는 장소와 시간은 집에서 맞이하는 아침이다. 아침은 하루의 시작이고, 집은 출발점이다. 첫 단추를 잘 꿰어야 하듯 아침에 집을 나설 때 기분이 좋으면 하루가 신나고 하는 일도 잘 된다.

하지만 예전엔 나는 그렇게 하지 못했다. 남편이 출근할 때도 의례적인 배웅만 했다. 남편이 퇴근해도 하던 일을 하면서, "왔어요"라고 했을 뿐 웃으면서 반갑게 맞이하지 못했다. 어떻게 가정을 꾸려 가야 하는지 모르다 보니 집은 그저 먹고 잠자는 공간에 불과했다. 전업주부로 살면서도 웃음이 있는 가정을 만들 생각조차 못했다. 오랜 세월이 흐른 후 부부교육을 받으면서 비로소 알았다. 가정에서 웃음이 가족에게 얼마나 많은 영향을 미치는지.

그때 남편과 나는 웃는 연습부터 했다. 처음에는 쑥스럽고 어색했지만 끊임없이 노력했다. 거울을 보면서 "위스키, 위스키, 위스키" 하면서 수없이 웃었다. 때로는 큰 소리로 "하하하!" 하면서 웃기도 하고, 서로의 웃는 모습이 너무 우스워서 배꼽을 잡고 웃기도 했다. 남편과 내가 웃게 되자 아이들도 따라 웃었다. 웃음소리가 나오면서 집안 분위기가 달라지기 시작했다.

"오늘은 좋은 날!"

우리 집은 아침마다 좋은 기분을 만드는 두 가지 의식^{ritual}을 치른다. 첫째는, 나와 남편 중 나중에 일어나는 사람이 눈을 뜨면서 "오늘은 좋은 날!"이라고 외친다. 그 말을 듣자마자 "오늘은 좋은 날!" 하고 받아준다. 그리고 거실로 나와서 둘째 의식을 치른다. 마주 보고 활짝 웃으면서 하이 파이브를 한다. 오른손을 마주치며 "오잘", 왼손을 마주치며 "오즐", 양손을 마주치며 "오행, 아싸!"를 한다. 이 구호는 "오늘도 잘하자! 오늘도 즐겁게 살자! 오늘도 행복하자!"의 첫 글자다. 남편과 두 번의 아침 의식을 치르고 나면 활기찬 기운이 솟아나면서 오늘은 좋은 일만 있을 것 같아 기분이 참 좋아진다.

그리고 아침식사 후 집을 나설 때는 현관 앞에서 활짝 웃으면서 "오잘, 오즐, 오행, 아싸!" 하며 배웅한다. 아들이 출근할 때도 남편과 함께 엘리베이터 앞에 나와서 아들과 각각 한 번씩 "오잘, 오즐, 오행, 아싸!" 하면서 아들의 하루가 인사말처럼 되기를 기원한다. 남편과 아들은 이렇게 활기찬 인사로 배웅받고 집을 나서면 발걸음에 신이 난다고 한다.

우리 가족은 이렇게 하루를 웃으면서 기분 좋게 시작한다. 그리고 하루 중 누군가 기운이 없거나 기분이 좋지 않아 보일 때도 "오잘, 오즐, 오행, 아싸!"를 세 번씩 한다. 그러면 기운이 솟아나고 웃음도 나온다. "오잘, 오즐, 오행, 아싸"는 우리 가족에게 활기를 불어넣는 매우 소중한 의식이다.

집으로 돌아올 때는 엘리베이터를 타면서 마음속으로 "위스키, 위스키, 위스키"라고 웃는 연습을 몇 번 한 후 웃으며 들어온다. 혹시 밖에서 있었던 좋지 않은 기분을 집으로 가져오지 않기 위해 웃음으로 떨쳐내는 것이다.

외출했던 가족이 현관문 여는 소리가 들리면 집 안에 있던 사람은 모두 하던 일을 멈추고 현관으로 나가 웃으면서 반갑게 맞이한다. 서로 웃는 모습을 보면서, 들어오는 사람은 위안을 받고, 맞이하는 가족은 별일 없이 돌아온 것에 감사한다. 그리고는 편안하게 휴식할 수 있도록 최대한 배려한다.

소문만복래笑門萬福來. 웃음소리가 많은 가정에 복이 들어온다. 가족의 웃음소리는 근심걱정이 집안에 들어오지 못하도록 막아준다. 웃음에는 비용이 전혀 들지 않는다. 웃음 없이 살 수 있을 만큼 큰 부자도 없고, 웃음의 혜택을 누리지 못할 만큼 가난한 사람도 없다. 웃음은 아무리 퍼주어도 고갈되지 않는다. 웃음은 주는 사람이 가장 많은 혜택을 입는다.

미국 UCLA대학 통증클리닉에서는 환자에게 거울 앞에서 웃으라는 처방을 낸다. 아파죽겠다는 사람에게 거울 앞에서 웃으라니. 하지만 그 효과는 놀라울 정도로 컸다. 실제로 15분간 웃게 했더니 2시간 동안 통증이 가라앉았다고 한다. 이제 웃음은 암, 당뇨병, 심장병, 관절염 등 다양한 질병의 예방과 치유에 도움이 되는 '만병통치약'임을 부인할 사람은 아무도 없다.

웃음으로 득을 보는 일이 어디 질병뿐이겠는가? 마음속의 적대감과 분노도 눈 녹듯이 풀리게 한다. 웃음은 전염성이 강력해서 상대방 마음속의 원망을 풀어지게 함으로써 화해의 계기를 만든다. 웃음이 가지고 있는 마력이다.

일소일소 일로일로—笑—少 —怒—老. 한 번 웃으면 한 번 젊어지고, 한 번 화내면 한번 늙는다. 웃음은 정신건강은 물론 육체건강에도 매우 좋다. 웃음은 심장을 마사지해서 튼튼하게 만든다. 많이 웃는 사람이 건강하다.

가정은 사회의 연습장이므로 가정에서 큰 소리로 많이 웃어라. 인상이 좋아지고 건강해진다. 웃다 보면 생각도 긍정적으로 바뀐다. 긍정적이고 인상 좋은 사람이 다른 사람으로부터 호감을 얻는다. 가정에서 많이 웃는 사람은 밖에서도 잘 웃는다. 부부가 함께 웃으면 자녀도 따라 웃고, 행복도 얻고, 건강도 얻는다. 웃음은 가장 효과적인 의사소통 방법이다.

가정은 가장 편안한 휴식처이자 삶의 에너지를 재충전하는 발전소다.

활기차고 기분 좋은 하루를 만들고 싶은가? 아침에 일어나서 밝은 미소로 인사를 나누어라. 가족이 집을 나설 때 웃으면서 배웅하고, 집에 들어올 때 반갑게 맞이하라.

Do it now!

◆ 부부싸움을 하지 않고 속상한 마음을 잘 전하기 위한 방법을 정하자.

◆ 우리 부부의 부부싸움 원칙 5가지를 정하자.

◆ 양가 집안의 주요행사 내용을 파악한 후 참여방법과 예산을 정하자.

Chapter 5
신혼 경제습관이 평생을 좌우한다

부부가 마음을 합하면
그 어떤 목표도 달성할 수 있다.

결혼준비는 당사자가 주도적으로

"이렇게까지 하면서 꼭 결혼해야 되나요?"

결혼을 앞둔 B씨가 하소연을 했다.

여자친구와 결혼을 결심한 후 양가 부모님으로부터 어렵사리 결혼승낙을 받았다. 하지만 '집은 몇 평 아파트, 혼수, 예단, 예물은…' 무슨 조건이 그렇게 많고 까다로운지 너무너무 힘들었다. 성인인 자식의 결혼을 부모는 왜 믿고 맡겨주지 못하고 조건을 달아서 일일이 간섭하는지 이해할 수 없다. "한 번 하는 결혼인데, 최소한 그 정도는 돼야지? 다 너를 위해서 그런다"고 말씀하셨지만, 큰 평수의 아파트에서 살아야 행복하고, 혼수와 예단을 많이 받아야 잘 살 수 있단 말인가?

결혼을 결심할 때만 해도 세상을 다 얻은 것처럼 기뻤는데, 부모님과 시름하면서 지쳐버렸다. '차라리 이쯤에서 그만둘까?'라는 생각이 하루에도 몇 번씩 들었다. 다행히 여자친구와 마음이 일치했기에 견뎌낼 수 있었다.

B씨가 눈물을 글썽이며 말했다. "결혼이 무슨 거래입니까? 자존심을 내세우는 부모님들을 도무지 이해할 수 없어요."

결혼은 독립이다

결혼은 부모로부터 독립하여 한 가정을 세우는 일이다. 당사자가 확신을 가지고 주도적으로 결혼을 준비하라. 부모의 의견을 무시해서도 안 되지만 그대로 받아들여서도 안 된다. 자칫하면 부모에게 휘둘려서 큰 어려움에 빠지거나 양가 부모 간의 감정싸움으로 비화되어 파혼까지 갈 수 있다. 뿐만 아니라 어려움을 극복하고 결혼하더라도 그 후유증은 결혼생활 내내 영향을 미친다.

그런데 부모는 왜 그럴까? 자신의 명예와 체면을 위해서 그럴까? 물론 그런 경우도 있겠지만 대부분의 부모는 자식이 고생하지 않고 행복하게 잘살기를 바라는 마음에서 그런다. 부모에게 자식은 아무리 나이가 들어도 세상 물정 모르는 철부지로 보인다. 이런 부모의 마음을 이해하여 신뢰를 얻을 수 있도록 자신감을 가지고 준비하라. 비즈니스에서도 한 프로젝트를 수주하기 위해 엄청난 준비를 한다. 하물며 인생 최대의 프로젝트인 결혼을 하기 위해 부모로부터 허락을 받는 일이다.

평소 결혼에 대해 부모가 중요하게 생각하는 관점이 무엇인지 각자 파악하여 그것을 바탕으로 두 사람이 충분히 의논하여 구체적인 결혼계획을 세워라. 말로 설명하는 것보다 문서가 훨씬 더 신뢰를 준다. 한 가정을 책임지고 꾸려갈 수 있겠다는 믿음이 갈 때 부모는 흔쾌히 결혼을 허락할 뿐만 아니라 적극적으로 지지한다. 결혼계획에는 다음 두 가지가 반드시 들어가야 한다.

첫째, 결혼자금 계획을 구체적으로 세워라.

집과 혼수에 대한 세부적인 내용과 소요자금을 어떻게 충당할 것인지 제시해야 한다. 금액의 많고 적음보다 얼마나 검소하고 알뜰하게 준비하느냐가 중요하다. 결혼자금은 부모에게 손 벌리지 말고 두 사람의 저축한 돈으로 하고, 만약 자금이 부족하다면 그에 대한 충당방법과 상환계획도 있어야 한다.

둘째, 결혼생활에 대한 계획을 세워라.

안정된 결혼생활을 위한 가정의 비전과 그 비전을 달성하기 위한 10년간의 구체적인 목표를 제시하라. 결혼생활에 대한 장밋빛 청사진이 아니라 현실적이면서도 책임감과 성실함이 들어가야 한다.

이와 같은 결혼계획을 세운 후 부모님에게 편지형식으로 작성하여 결혼허락을 요청한다. 이때 편지를 먼저 읽은 후 말씀해 달라고 부탁을 드려라. 편지를 읽으면서 관심사항이 어느 정도 이해되면 대화가 훨씬 부드러워진다.

그리고 결혼준비는 믿고 맡겨 달라고 정중하게 부탁드려라. 아마 부모는 믿고 맡겨 주실 것이다.

결혼비용은 공동으로 관리하라

남자는 집, 여자는 혼수와 예단을 준비해야 한다는 고정관념에서 벗어나라. 예전에는 여자가 남자의 집안으로 편입되었기 때문에 성 역할을 기준으로 결혼준비를 하였다. 이젠 남녀 모두 부모로부터 독립하여 동등한 입장에서 한 가정을 함께 꾸려간다. 그럼에도 고정관념에 사로잡혀 남자에게 집을 요구하게 되면 그에 상응하는 예물·예단의 요구로 양가 부모 간에 감정싸움이 일어나기 쉽다. 더구나 부모에게 무리한 경제적인 짐을 지우면서 한 결혼생활이 얼마나 행복할까?

부모의 짐은 결혼 후엔 자신들의 부담이 될 수 있다. 경제적으로 의존하면 준비과정은 물론 결혼 후에도 부모의 간섭에서 벗어날 수 없다. 그래서 각자 준비한 자금을 합쳐서 살림집과 필요한 살림살이를 공동으로 준비하라. 그 자금은 각자 저축한 금액으로 해야지, 일정한 금액을 할당하거나 상대와 맞추기 위해 빚을 내서는 안 된다. 어느 한 사람이 적더라도 이해하고 배려해야 한다. 사랑하는 사람과 함께 살기 위한 준비인데 금액의 많고 적음이 무슨 문제인가. 그래도 자금이 부족하면 전세자금을 대출받아서 충당하면 된다.

따라서 진정으로 사랑하면서도 집이나 혼수비용 문제로 결혼을 미루거나 포기하는 어리석은 짓은 절대 하지 마라. 서로 사랑하는 마음이 굳건하면 어떤 어려움도 극복할 수 있다. 물질적으로 여유롭게 시작하는 결혼이 좋아 보일지는 모르나 행복을 보장하지 않는다. 부모에게 의지하지 않고 스스로의 힘으로 시작하여 함께 목표를 세우고 성취할 때의 행복감은 이루 말할 수 없다. 진정한 행복은 두 사람이 함께 만들어 가는 것이지 부모가 마련해 주거나 물질적으로 충족되지 않는다.

결혼비용에서 종잣돈을 최대한 확보하자

단 하루의 결혼식을 위해 비용을 낭비하지 마라. 멋진 결혼식 추억을 만들고 싶은 마음은 누구나 있다. 하지만 그런 금액을 저축하기 위해 얼마나 많은 땀을 흘려야 하는가.

다른 사람과 비교하거나 의식하지 말고 실용적으로 준비하라. 혼수, 예물, 예단에 대해서는 각자 부모께 정중하게 말씀드려서 양해를 얻는다. 결혼비용을 절약하여 자립을 위한 종잣돈을 마련하겠다는 자식의 부탁을 거절하고 혼수나 예단을 고집할 부모는 없다.

　살림살이도 미리 리스트를 만들어서 양가 부모님으로부터 물려받을 것, 친구나 친척으로부터 선물 받고 싶은 것, 새로 구입할 것 등으로 분류해서 실속 있게 준비하라. 부모도 아주 흡족해 할 것이다. 알뜰살뜰 마련해서 정이 든 살림도구를 결혼하는 자식에게 물려주는 것보다 더 기분 좋은 일은 없다.

　신혼여행은 분위기에 휩쓸려서 낭비하기가 매우 쉽다. 미리 예산을 책정한 후 현금이나 여행자수표로 준비하고, 신용카드는 갖고 가지 않는 것이 좋다. 즐겁고 신나는 기분은 잠시지만 그 대가는 오래간다.

결혼은 물질적인 거래가 아니라 사랑하는 사람 간의 결합이다. 부모에게 의지하지 말고 당사자가 주도적으로 준비를 하라. 시작은 작으나 부부가 함께 성취해 가는 삶은 더없이 행복할 것이다.

부자를 만드는 결혼 초의 저축습관

'큰 부자는 하늘이 내리고, 작은 부자는 스스로 만든다!'

세계적 부호인 철강왕 앤드류 카네기는 자서전에서, "나는 저축을 통해서 억만장자가 됐다. 돈을 벌기 시작하면서부터 저축이 항상 지출을 초과했다"고 했다. 미국 월가의 가장 존경받는 펀드매니저이자 부자인 존 템플턴은, "수입의 50% 이상 저축하는 원칙을 20년 이상 지켰더니 부자가 되었다"고 했다. 이처럼 수입의 50% 이상 저축하는 것이 부자로 가는 지름길이다.

평생 동안 경제적인 어려움 없이 살기 위해서는 결혼 초부터 저축습관을 길들여라. 저축은 다소 무리다 싶을 정도로 목표를 정해야 한다. 아이를 낳기 전에는 소득의 60%를, 출산 후에도 50% 이상 저축해야 한다. 맞벌이의 경우에는 더 높아야 하지만,

혼자 벌이라도 절대 50% 이하로 내려가서는 안 된다. 강제 저축으로 씀씀이를 줄이는 것만이 종잣돈 마련의 지름길이다.

결혼 초부터 저축하면 자신도 모르게 좋은 저축습관이 몸에 배어 그대들을 작은 부자로 만들어 준다. 하지만 신혼시절은 기분에 휩쓸려서 지출유혹이 많을 때다. 이런 유혹을 극복하기 위한 방법은 부부가 함께 마음을 다잡는 것 외에는 없다. 서로 의기투합하여 낭비를 절제하고 절약한다면 50% 이상 저축도 크게 어렵지 않다. 따라서 결혼 첫날부터 어떤 어려움이 있더라도 수입의 50% 이상을 반드시 저축하겠다는 원칙을 정하고 지켜야 한다.

종잣돈 마련은 신혼 3년에 달려 있다

기초공사를 잘해야 튼튼한 건물을 지을 수 있듯 신혼 3년은 가정의 경제적 기반을 마련하는 기초공사 기간이다. 이 시기에는 아이가 없거나 있더라도 어리기 때문에 교육비가 거의 들어가지 않는다. 이때 안정된 결혼생활을 위한 가정경제의 '종잣돈'을 마련해야 한다.

하지만 '아이가 없을 때 마음껏 즐겨야지'라고 생각하는 신혼부부들도 많다. 즐기는 것은 언제든지 할 수 있지만 경제력이 뒷받침되지 않으면 결혼생활이 힘들고 불편할 수밖에 없다. 아이들이 크면서 공부할 수 있도록 충분히 뒷바라지를 해주어야 할 때 경제력이 안 되면 그 비참함은 이루 말할 수 없다. 또, 현재의 직장을 언제 그만두게 될지 전혀 예측할 수 없다. 수명이 길어짐에 따라 은퇴 후 노후기간도 늘어났다.

이와 같은 일들을 생각하면 신혼시절에도 머뭇거릴 여유가 없다. 중년을 넘어선 수많은 사람들이 후회하고 있다. "신혼 때부터 돈 관리를 제대로 했더라면…."

인생선배들의 이런 전철을 밟지 않기 위한 절호의 기회가 결혼 초임을 절대 잊지 마라. 따라서 "아이를 낳기 전에 한 푼이라도 더 모으자"고 결심한 후 신혼기간에 종잣돈 마련에 전력을 기울여라. 아무리 좋은 투자정보와 재테크 수단이 있더라도 종잣돈이 없으면 그림의 떡이다.

결혼을 결심한 후 두 사람은 연애할 때의 소비습관을 과감히 버리고 새로운 각오로 종잣돈을 모으기 위해 절제하고 절약해야 한다. 신혼기분에 휩쓸리다 보면 어느덧 허례허식의 낭비습관이 몸에 배게 된다. 좋은 습관을 길들이기는 힘들어도 나쁜 습관은 너무나 빨리 자리 잡는다.

수입과 자산내역을 바탕으로 종잣돈 목표와 지출원칙을 정하라. 부부가 의논하여 저축방법을 결정해도 좋으나 다양한 종잣돈 금융상품이 나와 있으므로 신뢰할 수 있는 전문가의 조언을 받으면 도움이 된다. 전문가에게 전적으로 의존하기보다 부부가 먼저 종잣돈 저축에 관한 금융정보를 수집하여 공부한 후 조언을 구한다. 물론 최종 결정은 반드시 부부가 의논해서 한다.

저축목표는 출산계획과 연계시켜라

신혼부부가 종잣돈 저축목표를 세울 때 반드시 고려해야 할 사항은 출산계획이다. 출산계획을 고려하지 않고 현재 수입을 기준으로 금융상품에 가입할 경우 출산으로 인한 수입이나 지출의 변화로 많은 손실을 입게 된다. 신혼부부는 아래 3가지 사항을 반드시 고려하여 종잣돈 저축목표를 세워라.

첫째, 언제 자녀를 출산할 것이며, 몇 명을 낳을 것인가?

둘째, 자녀양육은 누구에게 맡길 것인가?

셋째, 맞벌이의 경우 자녀출산 후에도 계속 일할 것인가?

아이를 낳으면 출산비용은 물론 그동안 지출되지 않던 보육비가 추가로 발생한다. 양육비는 물론 아이와 관련된 각종 비용도 발생한다. 반면 출산휴가 후 직장에 다시 복직하는 경우라도 휴가 중에는 수입이 줄어든다. 만약 출산 후 아이를 양육하기 위해 직장을 그만둘 경우 수입은 현저하게 줄어든다. 따라서 종잣돈 마련을 위한 저축목표를 세울 때는 반드시 자녀출산 계획과 연계시켜라.

종잣돈 목표는 구체적으로

씨앗 하나가 거목을 만들 듯이 부자들도 모두 종잣돈에서 출발했다. 돈이 굴러서 스스로 돈을 벌어오기 위해서는 1,000만 원~1억 원 정도의 종잣돈이 필요하다. 이러한 종잣돈을 모으기 위해서는 가장 먼저 부부의 간절한 욕구가 있어야 한다. 쓸 것 쓰고, 즐길 것을 즐기면서 적당하게 종잣돈을 모을 수는 절대 없다. 그야말로 종잣돈 목표를 달성할 때까지는 가족이나 주위로부터 소문난 짠돌이, 짠순이가 되겠다는 확고한 의지가 있어야 한다. 그런 후 구체적인 종잣돈 목표와 실천방법을 함께 세운다. 종잣돈을 모으기 위해서는 저축보다 더 좋은 수단은 없다. 꾸준한 절약과 저축만이 종잣돈을 성공적으로 마련할 수 있다.

다음은 종잣돈 목표를 세울 때 고려할 사항이다.

첫째, 단기간의 세부 목표를 정하라. 예를 들어 종잣돈 목표가 '3년간 5천만 원'이면 세부 목표는 '3개월에 400만 원'이다. 그 목표를 달성하기 위해 3개월간 전력을 다할 것이고, 성공경험도 3개월마다 느낄 수 있다. 그러면 종잣돈 목표달성을 위한 긴장감이 유지되고, 3개월마다 체험한 성공경험이 전체 종잣돈 목표를 달성할 수 있다는 자신감을 갖게 한다.

둘째, 이자율이 높은 가계우대 정기적금과 근로자 우대저축에는 기본으로 가입하라.

셋째, 적금은 1년 만기로 부어라. 금융시장은 매우 유동적이어서 그 이상 묶어두면 손해 볼 수 있다. 또 만기된 적금은 그대로 금융상품에 투자한다. 특히 종잣돈 목표가 달성되기 전에는 주위의 유혹에 흔들려서 부동산이나 주식으로 분산투자 하지 말아야 한다. 그러면 종잣돈을 절대로 모을 수 없다.

넷째, 돈 관리자만 가계부를 쓰지 말고 배우자도 자신이 쓰는 돈을 단돈 10원까지 간이 가계부에 기록하는 습관을 들여라. 그럴 때 낭비를 줄이고 절약하고 저축할 수 있다.

다섯째, 일확천금에 유혹되지 마라. 안전할수록 이자율은 낮다. 위험부담이 큰 상품에 유혹 받지 말고 느리지만 안전한 저축에 눈을 돌려야 한다.

종잣돈 목표는 구체적이고, 과감하게 세워라. 부부가 마음을 합하면 그 어떤 목표도 달성할 수 있다. 힘이 들 때는 목표가 달성되었을 때를 상상하면서 대화하고 격려하라. 그러면 자신감도 생기고 용기가 솟아난다.

돈 관리자를 정하라

결혼한 지 2년 된 R씨는 남편과 같은 회사에 다닌다. 결혼 후에도 통장을 각자 관리하며, 생활비는 반반씩 부담한다. 명절이나 생신 등 집안행사 때는 부모님께 봉투를 각자 드린다. 그걸 본 시어머니가 놀라면서, "부부가 어떻게 돈을 따로 관리하느냐?"고 물었다. R씨는 결혼 전 남편과 그렇게 하기로 약속했는데 서로 간섭하지 않아서 편하다고 했다.

맞벌이 부부 중 수입과 지출을 각자 관리하면서 생활비를 분담하는 이들이 있다. 각자 다른 주머니를 차게 되면 수입과 지출을 통제할 수 없어 불필요한 지출이 늘어나 가정경제를 계획적으로 운영할 수 없다. 아무리 많이 버는 사람도 관리를 잘하는 사람을 당할 수 없다.

가정경제를 효과적으로 관리하기 위해서는 각자 수입과 자산내역을 모두 사실대로 공개해야 한다. 실제 수입과 지출은 물론 저축과 빚까지 모두 자세히 드러내야 한다. 연애할 때는 연봉이 얼마라는 식으로 대충 말했지만, 부부 사이는 그럴 필요가 없다. 명세서까지 서로에게 보여주면서 매월 실 수령액을 정확히 공유해야 한다. 이를 바탕으로 함께 경제목표를 세우고, 전략도 세워야 빠른 기간 내에 경제적인 기반을 마련할 수 있다.

그러나 과거에 일어난 자산형태와 내용에 대해서는 절대로 상대방을 비난하면 안 된다. 중요한 것은 과거가 아니라 지금부터다. 서로 존중하고 이해하는 마음이 기본이다. 이렇게 밝힌 자산과 부채는 더 이상 어느 개인의 것이 아니라 부부 공동의 것이다.

돈에 대한 버킷리스트를 써라

가정경제 목표를 달성하기 위해서는 부부가 함께 노력해야 한다. 그동안 서로 다른 환경에서 살았기 때문에 돈 쓰는 방법이나 저축하는 목적도 다를 수밖에 없다. 한 사람은 미래를 위해서 지금 쓰고 싶은 욕구를 참으며 허리띠를 졸라매는데, 상대는 우선 쓰면서 즐기려고 한다. 그렇다 보니 돈 문제로 부부가 자주 싸우게 된다. 이는 돈에 대한 가치관이 서로 다르기 때문이다. 그 가치관이 어떻게 다른지 알아야 함께 노력할 수 있다. 이런 경우 돈에 대한 버킷리스트Bucket List를 작성하면 서로가 진정으로 원하는 것이 무엇이고, 돈을 벌면 어디에 가장 먼저 쓰고 싶은지 알 수 있다.

'버킷리스트'는 몇 년 전 상영된 영화로, 죽기 전에 꼭 하고 싶은 일들을 작성해 놓은 목록이다. 현금 1억 원이 있을 때 각자 가장 하고 싶은 것을 순서대로 5가지 쓴다. 배우자를 의식하지 말고 자신이 진정으로 하고 싶은 것이어야 한다. 그 리스트를 서로 바꿔 보는데, 배우자를 비난하거나 비판하지 말고 그 리스트에 담긴 마음을 헤아리면서 읽는다. 그리고 그 내용을 자세히 설명함으로써 서로가 무엇을 진정으로 원하는지, 돈을 모으는 목적과 가장 중요하게 생각하는 것이 무엇인지 알 수 있다. 그것을 토대로 부부 공동의 버킷리스트를 만들면 가정경제 목표달성을 위해 함께 노력할 수 있다.

이때 배우자가 잘 이해되지 않거나 답답하더라도 '우리는 부부'라는 사실을 잊지 마라. 그 어떤 일도 '우리 부부의 행복'보다 더 소중하고 가치 있는 일은 없다. 가정경제도 부부의 행복을 위한 수단이지 목적이나 목표 자체가 아니다.

돈 관리는 알뜰하고 치밀한 사람이

부부는 서로 신뢰하기 때문에 모든 자산내역을 드러내고, 통장을 하나로 합쳐야 한다. 통장을 합친다는 것은 단순한 물리적인 통합이 아니라 마음까지 하나로 합쳐서 진정한 부부가 된다는 의미다. 어느 통장으로 합치는 것이 유리할지는 의논하여 결정한다. 주거래 은행에 가족통장을 개설해서 함께 사용하면 실적이 증가하고 각종 혜택도 받을 수 있다.

연말정산 시 보다 효과적인 소득공제를 위해 맞벌이 부부일 경우 소득이 많은 사람을, 자영업자보다는 직장인 명의로 통장을 개설하는 것이 현명하다. 신용카드도 소득이 높은 쪽의 이름으로 발급하고, 배우자는 가족카드를 발급받으면 연회비를 이중으로 물지 않고 연말정산 때도 유리하다. 이렇게 통장을 합치면 매월 들어오는 수입과 지출이 적절하게 통제됨으로써 가정 경제를 효율적으로 관리할 수 있다.

가정에서 돈 관리는 보통 아내가 맡는 경우가 많은데 꼭 그럴 필요는 없다. 그보다는 더 알뜰하고 꼼꼼한 사람, 재산이나 돈 문제에 좀 더 밝고 흥미 있어 하는 사람이 맡는 것이 좋다. 서로를 냉정하게 분석하여 이 일을 더 잘 할 수 있는 사람에게 믿고 맡겨라. 그런데 많은 사람들이 그걸 '경제권'으로 생각해서 내놓지 않으려고 한다. 그걸 양보하면 가정에서 주도권을 빼앗기는 것으로 생각하기 때문이다.

돈 관리는 권력이 아니라 집안 살림의 책임을 맡는 것이므로 무조건 신뢰해야 한다. 그 대신 돈 관리를 맡은 사람은 믿고 맡겨

준 배우자에게 책임감을 가지고 가정경제를 치밀하게 관리해야 한다. 기본적으로 가계부를 잘 써서 수입과 지출을 철저하게 관리한다. 나아가 가정경제를 잘 운영할 수 있도록 경제관련 기사에 항상 관심을 가지고 지식과 정보를 얻기 위해 노력한다.

배우자와 수시로 또는 정기적으로 'Money Meeting'을 가져서 수입, 지출, 저축과 같은 자산내역을 공유하고 협의해야 한다. 그럴 때 배우자도 가정경제가 어떻게 흘러가고 있는지 알게 되어 더욱 신뢰하고 협력하게 된다. 그렇지 않고 '믿고 맡겨주었으니까 내가 열심히 잘하면 되겠지'라는 생각으로 혼자 관리하다 보면 서로를 불신하게 된다. 또한 '혼자서 맘대로 한다'는 느낌이 들지 않게 일정금액 이상 지출할 경우에는 반드시 배우자와 의논한 후 처리해야 한다.

경제공부를 해야 재테크를 할 수 있다

'그때 그걸 알았더라면…' 하고 세월이 지난 후에 후회하는 사람들이 많다. 가정경제에서 재테크 방법과 수단을 아는 사람과 모르는 사람의 차이는 엄청나다. 최소한 어느 상품이 자신한테 적합한지 분석하고 판단할 수 있는 능력이 있어야 한다. 그렇지 못하면 남들을 쫓아다니다 상투만 잡고 만다.

인터넷의 수많은 재테크 정보 중에서 필요한 것을 선별할 수 있어야 한다. 거래 금융기관이나 전문가로부터 투자상품을 추천받았을 때 비교·분석해서 판단할 수 있어야 한다. 그렇지 못하면 그들에게 휘둘리게 되어 손실을 입을 수 있다.

부부 중 한 사람은 경제의 흐름과 재테크에 꾸준히 관심을 가지고 지속적으로 공부를 하라. 경제신문(종이 신문)도 최소한 한 가지는 정독하여 정부의 경제정책과 세계경제의 흐름을 알고 있어야 한다. 그곳에는 경제전문가의 칼럼과 개별기업을 비롯한 실물경제에 관한 정보가 모두 들어 있으므로 좋은 공부자료가 된다. 필요한 기사는 스크랩하면서 꾸준히 정독하다 보면 얼마 지나지 않아 많은 지식과 정보를 얻는다. 그리고 인터넷도 좋은 경제공부 수단이다. 경제관련 사이트에 가입하면 의외로 알찬 정보를 얻을 수 있다. 조금이라도 궁금한 것이 있을 때 문의하면 쉽게 도움을 받을 수 있다.

마음도 통장도 합쳐야 결혼의 시너지 효과를 얻을 수 있다. 부부 중 한 사람은 재테크에 관심을 갖고 꾸준히 경제관련 공부를 하라. 알아야 가정경제 목표를 효율적으로 달성할 수 있다.

Money Meeting이 해법이다

　신혼부부들은 아이를 낳기 전에 종잣돈을 모으려고 맞벌이도 하고 재테크에 관심을 가진다. 돈 관리는 대부분 아내가 맡아 가계부를 열심히 쓰는데 예상하지 못했던 돈 쓸 일들이 자꾸만 일어난다. 일일이 남편에게 얘기하기도 뭐해서 혼자 알아서 처리한다. 그렇게 나간 돈을 보충하기 위해 생활비를 더욱 아껴 쓴다. 하지만 집으로 날아온 카드대금 청구서를 보면 남편은 하고 싶은 것을 다 하는 것 같아 속이 상한다. 당장 따지고 싶지만 싸움이 될 것 같아 참는다. 서로 아껴 쓰고 저축하기로 약속해 놓고 어떻게 저럴까 싶다.

　그런데 남편은 어떤 마음일까? 돈 관리를 맡은 아내가 한 달이 지났지만 한마디 말도 없다. 저축은 제대로 하는지, 가계부는 잘 쓰는지 궁금하다. 그렇다고 물어보자니 '무슨 남자가 가계부를 보려고 하느냐, 그렇게도 못 믿느냐?'고 할까 봐 물어볼 수도 없다. '경제권을 넘겨줬더니 남편을 무시하나?' 하는 생각까지 들면서 화가 끓어오른다.

신혼부부들에게 흔히 일어나는 일이다. 그런데 왜 이런 일이 일어날까? 돈에 대한 생각이 서로 다른데도 대화를 하지 않기 때문이다.

그동안 살아온 생활습관과 방식이 다른데도 '남편도 나와 같은 생각이겠거니'라고 착각하거나, 돈에 대해 일일이 말하는 게 부담스러워 얘길 꺼내지 않아서 그렇다. 돈과 관련해서는 작은 금액일지라도 배우자와 자주 의논하라. 배우자에게 간섭 받고, 통제 받는 것이 아니라 자주 대화하면 돈에 대한 서로의 가치관과 소중하게 생각하는 삶의 목표와 인생관까지 알 수 있다.

가정경제를 믿고 맡겼더라도 어떻게 되어 가고 있는지 배우자도 궁금하다. 저축목표와 생활비 예산을 함께 정했더라도 마음먹은 대로 되지 않는 게 현실이다. 배우자의 적극적인 협력 없이는 목표달성이 불가능하다. 설령 경제목표를 달성했더라도 배우자와 갈등의 골이 깊으면 무슨 의미가 있겠는가? 가족의 행복을 위해서 아끼고 저축하여 가정경제의 기반을 마련하려는 것인데….

부부는 돈에 대한 대화를 자주 해야 한다. 그러면 오해나 갈등도 없어져서 친밀해지고, 경제목표도 즐거운 마음으로 달성할 수 있다.

돈 문제는 대화하면 풀린다

Money Meeting을 정기적으로(주간, 월간, 연간) 가져서 가정경제 목표에 대한 열정을 식지 않게 하라. 1년간 Money Meeting 계획을 미리 세워서 부부에게 가장 중요한 행사로 만들어라. Money Meeting은 목표달성을 위해 함께 열심히 노력한 성과를 축하하고 격려하는 자리다. 계획대비 실적은 잘 이루어지고 있는지, 어려움은 없는지 등을 의논한다. 돈 관리를 맡은 사람은 다소 귀찮더라도 Money Meeting 전에 얘기할 사항에 대해 간단한 메모와 가계부, 통장을 준비한다.

월간 미팅의 경우 가계부를 제대로 쓰지 않았다면 한 달 동안의 수입과 지출내역서를 간략하게 준비하면 된다. '연간 Money Meeting'은 새해 첫 주말에 한 해 동안 열심히 노력한 자신들의 수고를 보상하고 자축할 수 있는 멋진 장소에서 갖는다. 한 해 살림살이를 돌아보면서 서로 격려하고, 새해 살림계획도 함께 세운다. 새해 부부의 최대 이벤트는 무엇으로 할 것인지, 자기계발을 위해 무엇에 도전할 것인지 대화하면서 행복한 시간을 가진다. 하지만 실수나 잘못이 있더라도 비난과 불평은 하지 마라. 특히 배우자의 자존심에 상처 주는 말은 절대로 하면 안 된다. 혹시 궁금하거나 이해되지 않는 점이 있으면 무조건 참거나 따지지 말고, 이해하려는 마음으로 물어봐야 한다.

처음에는 Money Meeting을 정기적으로 가지는 것이 귀찮고 부담스러울 수 있다. 그러나 3개월만 꾸준히 하다 보면 이 미팅의 가치를 알게 되면서 익숙해진다. 돈 문제에 대해 부부가 합의되지 않을 때는 일단 대화를 멈추고 상대의 의견에 대해 생각해 본 후 대화하거나, 함께 전문컨설턴트의 자문을 받아 결정한다.

가계부는 예산관리가 목적

가정경제를 제대로 운영하기 위한 기본이 가계부다. 가계부는 서점에도 있고, 각종 금융기관에서도 무료로 나눠준다. 통장, 신용카드, 전화요금 등 자동이체 상황을 한꺼번에 관리, 기록할 수 있는 스마트폰 앱도 많이 있어 참 편리한데 활용도는 매우 낮다.

가계부만 제대로 써도 가정경제를 계획적으로 운영할 수 있다. 그런데 지속적으로 쓰지 못하고 중간에 흐지부지되는 경우가 많다. 배우자의 적극적인 관심과 협조가 없거나 가계부의 사용목적을 잘 모르기 때문이다.

가계부를 쓰는 목적은 돈을 아끼기 위해서 지출내역을 기록하는 것이 아니라 '예산관리'에 있다. 가계부를 잘 써서 예산관리가 정착되어야 가정경제를 계획대로 운영할 수 있다. 뿐만 아니라 수입에 맞춰 살아가는 습관도 길들여지기 때문에 갑자기 수입이 줄어들더라도 큰 걱정 없이 생활할 수 있게 된다.

가계부 작성의 기본인 항목별 예산은 부부가 합의해서 세워야 한다. 각자 돈 쓰는 습관이 다르기 때문에 대화로써 양보하고 타협해야 한다. 처음부터 예산을 너무 빡빡하게 정하지 마라. 최소한 2~3개월 동안 서로의 지출습관과 현금흐름을 파악하면서 적정예산으로 조정해 나가는 과정이 필요하다.

특히 예산관리를 제대로 하지 않으면 무분별한 지출로 가정경제를 위협할 수 있는 중점관리 항목이 있다. 식비, 외식비, 교통비(대중교통, 자동차 유류대), 문화생활비, 생활용품비 등은 부부가 함께 중점적으로 관리하지 않으면 쉽게 지출이 늘어날 수 있다. 수입항목은 매달 실 수령액을 기준으로 한다. 상여금이나 비정기적인 소득이 발생하는 경우와 자영업자나 프리랜서처럼 소득이 불규칙한 경우는 월평균 금액으로 산정한다.

가계부는 기록보다 결산이 중요

가계부는 기록하는 것보다 예산대비 결산하는 과정이 더 중요하다. 주간 결산은 일일 지출기록을 항목별로 합산하는 것이다. 합산해 보면 예산대로 잘 쓰고 있는지, 어느 항목을 덜 썼고, 더 썼는지 파악할 수 있다. 초과 지출한 부분에 대해서는 일일 지출기록을 확인하여 원인이 무엇인지 분석한다. 일시적인 지출이거나 의미 없는 지출이었다면 다음 주 해당항목의 지출을 좀 더 절제한다. 하지만 앞으로도 계속 지출이 늘어나야 할 상황이라면 그 항목을 포함하여 전체 항목의 예산을 조정한다.

가계부 결산 시 중점적으로 체크할 사항은 다음과 같다.

> ☑ 저축은 계획대로 되었는가?
> ☑ 생활비는 예산대로 사용하였는가? (특히 중점관리 항목)
> ☑ 전체 또는 항목별 예산을 조정할 필요는 없는가?
> ☑ 예비비는 유지되고 있는가?
> ☑ 다음 달 우리 집 행사는 무엇인가? (경조사, 기념일, 기타 집안행사 등)
> ☑ 다음 달 생활비 예산은 적정한가?
> ☑ 다음 달 예상수입은 얼마인가?
> ☑ 이달 가정경제 운영에 대해 보완하거나 개선할 점은 무엇인가?

예비비는 반드시 확보하라

이렇게 예산을 세웠더라도 그 범위 안에서 지출하는 데 가장 큰 방해물은 신용카드다. 신용카드의 무이자 할부는 당장 청구되는 금액이 적다 보니 마치 공짜처럼 느껴져서 충동구매를 일으키게 한다. '후 결제시스템'인 신용카드 대신 '선 결제시스템'인 체크카드를 사용하면 돈 쓰는 습관을 바꾸는 데 많은 도움이 된다. 돈 나가는 것이 보이면 돈 쓰고 싶은 마음도 줄어든다.

실제 신용카드를 과감히 없애고 현금을 사용한 경우 지출이 많이 줄었다고 한다. 따라서 신용카드는 가정에 하나만 남겨둬서 꼭 필요할 때만 사용하고 과감하게 없애는 것이 가정경제 운영에 도움을 준다.

예산을 세워 생활하더라도 갑자기 예상하지 않았던 곳에서 돈 쓸 일이 생긴다. 가족이 아프다거나 부모님에게 무슨 일이 생기는 것과 같은 불가피한 일들이 일어난다. 그때 필요한 자금이 예비비다. 예비비가 확보되어 있어야 계획대로 가정경제를 운영할 수 있다.

예비비는 월 생활비의 2배 정도를 확보하여 별도 통장에 넣어두고 목적 외에 쓰면 안 된다. 하지만 긴급할 때 예비비를 사용했다면 다른 항목에서 아끼거나, 상여금이나 성과급과 같은 다른 수입이 생길 경우 즉시 그 통장에 채워 놓아야 한다. 이렇게 예비비를 확보해 놓으면 불안하지 않다. 또 비상시를 대비하여 여유자금을 항상 통장에 넣어 둘 필요가 없으므로 다른 투자수단으로 활용할 수 있다.

Money Meeting을 자주 하라. 가정경제 목표달성을 위한 지름길이다. 사소한 오해와 갈등을 막아주며 부부 사이가 더욱 친밀해지고 함께 노력하게 만든다.

신혼 자산관리 전략

종잣돈을 모으기 위해 재테크 책도 사고 인터넷에서 정보를 찾아보지만 적합한 자산관리 전략을 찾기는 쉽지 않다. 재테크 카페에서 성공담도 읽고 질문해 봐도 별로 도움이 되지 않는다. 자산관리를 어떻게 해야 할지 답답하다.

1970년대 중반 미국 최고의 갑부였던 석유재벌 폴 게티Paul Getty는 『부자 되는 법How to be rich』이라는 책에서, "당신이 부자가 되기를 원한다면 부자를 찾아서 그 사람이 하는 대로 따라서 하라"고 했다. 부자의 사고방식과 습관을 따라 하면 부자가 된다는 것이다. 이처럼 자산관리도 잘하는 사람의 방식대로 따라 하면 된다.

그런데 누가 잘하는지 알 수 없다. 그래도 시행착오를 없애고 자산관리 전략을 잘 세울 수 있는 가장 좋은 방법은 주거래 금융기관의 자산관리 전문가로부터 도움을 받는 것이다. 그 전문가의 조언을 참고로 직접 공부한 재테크 지식과 분석력을 가지고 자산관리 전략을 세우면 된다. 또한 중요한 투자를 하기 전에도 시행착오를 줄이기 위해서 전문가의 자문을 받는 것이 좋다. 하지만 최종 결정은 반드시 부부가 해야 한다는 것을 명심하라.

내 집 마련은 전략적으로

전·월세 가격이 급등하면 '내 집' 마련에 대한 욕구가 더욱 절실해진다. 우리는 '내 집'에 대한 의미가 특별하므로 그곳에 들어가서 살지 않고 전세나 월세를 주더라도 '내 집'이 있어야 안정감을 가질 수 있다.

미국 월가의 유명한 주식투자자 피터 린치Peter Lynch도 "집을 먼저 마련한 후 주식에 투자하라"고 했다. 집은 재테크 포트폴리오에서 안정성을 확보하는 실물자산이다. 집을 제외하면 대부분 펀드나 주식에 투자하는데, 그건 실물자산이 아니다. 언제 어떻게 될지 모르기 때문에 위험성을 보완해 줄 재테크 수단이 바로 집이다. 그렇다고 무리해서 집을 사면 안 된다. 그보다 안정적으로 집을 마련할 수 있는 기반부터 마련해야 한다.

다음은 '내 집' 마련 시 반드시 고려해야 할 사항이다.

첫째, 이자상환 능력을 생각하라. 무리하게 대출받아 집을 사면 이자를 감당하느라 저축과 투자를 하지 못할 뿐만 아니라 생활의 어려움까지 겪게 된다. 무리한 대출은 집값 하락 시 'House Poor'로 전락하게 만든다.

둘째, 수입이 줄어들 수 있음을 고려하라. 신혼시절은 출산과 양육에 따른 수입의 변화가 예상된다. 특히 맞벌이에서 혼자 벌이로 전환될 가능성을 고려해야 한다.

셋째, 자녀 핑계로 무리하게 집을 마련하지 마라. 아이는 어릴 때 자신의 방에 대한 기억이 전혀 없다. 아이는 자기 방보다 부모의 관심과 따뜻한 사랑을 더 필요로 한다. 아이를 위해 무리한 집 구입보다 안정적인 내 집 마련을 위한 투자자산을 확보하는 것이 더 중요하다.

넷째, 청약통장에 가입하라. 신규 아파트 청약에 필수인 청약통장에는 청약저축, 청약예금, 청약부금, 주택청약종합저축 등 총 4가지가 있다. 이 중 공공·민간 중 어디서 공급하는 주택인가와 면적에 따라 혜택이 다르니 잘 확인해서 가입해야 한다.

이제 집은 재테크의 수단이 아니다. 예전처럼 집값이 매년 대출이자보다 더 오를 때는 괜찮았지만, 집값은 하락 안정세에 놓여 있다. 그러므로 집을 재테크의 수단으로 생각하지 말고 가족이 편안하게 살아가는 공간으로 생각해야 한다. 전세가격이 오를 때는 불안하지만 '내 집' 마련 목표를 가지고 꾸준히 준비하면 기회는 반드시 온다. 부모의 도움이나 결혼 전 준비된 자금으로 내 집에서 결혼생활을 시작한 경우는, 앞으로 자산을 어떻게 더 증식시킬 것인지를 생각해야 한다.

태아보험은 반드시 들어라

자녀를 위해 가장 먼저 고려해야 할 사항이 임신 후 태아보험이다. 태아보험은 출생 후 신생아에 대한 보장보험으로 어린이보험에 특약으로 가입한다. 이 보험은 선천성 이상(기형, 저체중 출산, 인큐베이터 비용, 신체마비 등), 신생아 관련 질병, 각종 암, 재해사고 시 적용되며, 국민건강보험이 적용되지 않는 각종 수술비, 입원비 등을 보장해 준다.

태아보험 가입시기는 임신 사실을 안 직후가 유리하다. 이 시기를 놓치는 사람이 의외로 많다. 임신 초기 심한 입덧이나 감기몸살로 링거를 맞는 일이 생기면 그때부터 태아보험 가입은 어렵다. 유산기로 인한 유산방지 주사나 임신성 당뇨 등도 마찬가지다. 출생 이후에는 신생아 질환이 많아 가입이 어렵다. 예를 들어 신생아에게 흔한 황달치료만 받아도 치료종료 후 6개월이 지나야 보험에 들 수 있다. 늦어도 출산 90일 전까지 가입해야 출산 후 아이의 질병을 보장받을 수 있다.

이 보험은 성인들처럼 암보험, 건강보험, 상해보험을 따로따로 가입할 수 있는 것이 아니므로 종합적인 보장이 가능한 상품을 선택하는 것이 좋다. 만기 시 환급할 수 있는 환급형보다 보험료가 저렴한 순수형으로 가입하는 것이 낫다. 출산 직후 자녀에게 질병이나 장애 등의 문제가 발생하여 병력이 남게 되면 추후 보험가입에서 제한 받을 수 있다. 기존 30세 전후로 만기가 되는 어린이보험에 비해 100세까지 만기가 되는 보험도 있다. 따라서 성인이 되어 질병으로 인해 의료실비보험 가입이 거절되는 경우를 사전에 막고 평생 보장받을 수 있는 태아보험에 가입하는 것이 아이의 장래를 위해 반드시 필요하다.

펀드가입은 원칙을 지켜야

신혼시절 종잣돈 마련에 의욕이 앞선 나머지 재테크에 욕심을 부리면 자칫 큰 손실을 입을 수 있다. 재테크 수단으로 많이 활용하는 펀드투자도 인터넷 사이트에서 관련 정보를 수집하면서 공부해야 한다. 그래야 다양한 펀드 중에서 자신에게 적합한 상품을 선택할 수 있다.

펀드가입 시 가장 중요한 것은 원칙을 지키는 것이다. 그 원칙은 아래와 같다.

첫째, 펀드는 3~5년간 사용하지 않을 여유자금으로 가입한다. 단기간에 사용할 자금은 정기적금이나 정기예금에 가입하는 것이 좋다.

둘째, 가정경제목표 별로 펀드에 가입한다. 신혼부부에게 5~10년 사이에 가장 큰 경제목표는 '내 집 마련'과 '자녀교육비'다. 예를 들면 '매월 100만 원씩 7년 후 전세대출금상환 통장', '매월 10만 원씩 5년 후 자녀교육비 통장'과 같이 각각의 통장으로 나누어서 펀드에 가입한다.

셋째, 펀드평가사이트(펀드닥터, 모닝스타코리아, 한국펀드평가 등)에서 여러 가지 펀드를 비교분석 후 투자할 펀드를 선택한다.

넷째, 수익률이 최소한 BM(시장평균)지수보다 높은 펀드에 가입한다.

다섯째, 적립식 펀드의 경우 중간에 주가가 떨어질 때 손실이 걱정되어 포기하는 경우가 있는데 신념을 가지고 투자를 지속해야 한다. 일시적인 경제상황에 민감하게 반응하여 적립을 중단하면 더 큰 손실을 입을 수 있다.

여섯째, 적립식 펀드와 거치식 펀드로 나누어서 가입한다. 매월 저축할 수 있는 여유자금과 현금은 장기적 관점에서 적립식 펀드가 좋고, 현금으로 가지고 있는 목돈은 장기간 안정적으로 투자하는 거치식 펀드가 좋다.

신혼시절 가장 중요한 재테크는 '종잣돈' 마련이다. 급히 먹는 밥은 체한다. 큰 이익에 욕심내지 말고 전문가의 조언을 받아 안정적인 투자전략을 세워라.

Do it now!

❥ 우리 가정의 돈 관리자와 통장을 어떻게 합칠 것인지 정하자.

✎

❥ 종잣돈 목표를 구체적으로 세우자.

✎

❥ Money Meeting 일정계획을 세우자(주간, 월간, 연간).

✎

Chapter 6

아이의 일생은 세 살까지의 육아에 달려 있다

아이의 성격은
엄마 아빠와의 관계에서 형성된다.

태교가 아이의 평생을 결정한다!

배 속의 아이에게 엄마 몸은 가장 중요한 환경이다. 배 속의 아이는 엄마와 탯줄로 연결되어 있는 한 몸이다. 엄마의 생각이나 감정은 물론 보고, 듣고, 먹고, 행동하는 것까지 모두 배 속의 아이에게 전달되어 많은 영향을 미친다. 엄마는 배 속의 아이에게 좋은 환경을 만들어 주기 위해 노력해야 한다.

모든 부모는 아이가 건강하게 태어나고 잘 자라서 훌륭한 사람이 되기를 바란다. 그래서 아이가 어릴 때부터 온갖 조기교육을 시킨다. 무엇이든 시작이 중요하듯 교육도 처음이 가장 중요하다. 부모가 자녀에게 하는 최초 교육이 바로 태중교육胎中教育, 즉 태교다.

태교는 아이의 두뇌발달은 물론 성격 형성에 많은 영향을 미치기 때문에 임신부 혼자 감당할 수 없다. 남편과 양가 가족의 배려와 도움이 반드시 필요하다. 아울러 직장동료나 주위 사람들도 이해하고 배려해 주어야 한다.

아이의 평생은 부모의 태교에 달려 있다고 해도 지나치지 않을 만큼 중요하다. 옛날 선조들은 태교를 무엇보다 중요하게 여겼다. '열 달 동안의 태교가 태어난 후 십 년의 교육보다 더 중요하고, 그보다 더 중요한 것은 부부관계를 가질 때의 남편의 마음가짐'이라고 가르쳤다(태교신기, 1803년, 사주당 이씨).

이처럼 전통태교는 일찍 태교를 시작할 것과 남편의 태교를 중시하였다. 오늘날 우리나라가 세계적인 인재를 많이 배출한 것도 조상들의 지혜로운 태교 덕분이 아닐까.

태교는 언제 시작해야 하는가?

대부분 '태교'는 임신 10개월 동안만 잘하면 되는 것으로 생각한다. 신혼시절은 부부의 성생활이 가장 왕성할 때라 계획 없이 임신하는 경우가 많다. 건강하고 똑똑한 아이를 낳고 싶다면 부부가 함께 태교의 중요성을 인식하고 미리 출산계획을 세워야 한다. 『태교신기』에서도 '가장 중요한 태교는 부부관계 시의 아빠의 마음가짐'이라고 했다. 엄마아빠가 육체적, 정신적으로 최상의 컨디션일 때 아이를 가져야 좋은 자녀를 얻을 수 있다. 따라서 출산계획을 세울 때가 태교를 시작하는 출발점이다.

노력 없이 좋은 아이가 태어나길 바라는 것은 요행을 바라는 것과 같다. 모든 운동선수들은 기본적으로 체력을 키운 후 기술 훈련을 한다. 올바른 태교를 위해서는 먼저 규칙적인 운동으로 신체를 건강하게 만들어야 한다. 부부가 의사소통을 잘하여 스트레스가 쌓이지 않도록 해야 한다.

흡연이나 음주, 카페인이 들어간 음료를 즐기면서 임신할 경우 아이는 나쁜 요인을 모두 지니고 태어날 수 있다. 특히 임신 중에 술을 마신 엄마의 아이는 신체발육이 부진한 것은 물론이고, 기형아, 미숙아, 정신박약아로 태어날 확률이 높다. 또 청소년기에 우울증과 행동장애가 나타나는 경우도 많다.

임신 중 흡연은 수십 가지의 발암물질이 태아에게 그대로 전달된다. 담배를 피우지 않는 임신부가 담배를 피우는 사람 곁에 노출되어 있더라도 직접흡연과 똑같이 발암물질을 태아에게 옮기는 것이기 때문에 아빠의 금연은 반드시 필요하다. 카페인이 들어 있는 커피, 녹차, 홍차, 콜라도 임신 중에는 가능하면 피하라. 카페인은 태아의 발육을 방해하며, 유산 또는 조산의 원인이 되는 것은 물론, '영아돌연사증후군SIDS'과 밀접한 관계가 있다고 전문가가 말했다.

스포츠 경기에서 결과는 훈련에 비례한다. 건강한 아이도 출산계획을 세운 후 심신의 컨디션을 최고로 만들기 위한 부모의 태교에 달려 있다.

태교는 남편과 함께

임신부는 주위 환경으로부터 너무나 많은 영향을 받는다. 아무리 태교를 잘하려고 해도 주위에서 도와주지 않으면 불가능하다. 임신부에게 가장 많은 영향을 미치는 남편과 양가 가족들의 배려와 도움이 절대적으로 필요하다. 그러므로 임신사실을 알고 나면 들뜬 마음을 가라앉힌 후 남편과 양가 부모께 말씀드려서 필요한 도움을 받아야 한다. 친구, 직장 상사, 동료에게도 알려서 이해와 배려를 부탁해야 한다.

임신 초기에는 임신부에게 많은 변화가 일어난다. 임신의 기쁨은 잠시일 뿐 나른하고 피곤하며, 심리적으로도 불안하고 초조하다. 입덧으로 먹는 것조차 힘들어 남편과 가족의 이해와 도움이 절실하다. 물론 임신부 자신의 노력이 가장 중요하다. 임신사실을 늘 기쁘게 생각하고, 배 속의 아이에게 관심과 사랑을 전하면서 몸을 단정히 하고, 마음을 편안하게 가져야 한다. 입덧도 아이를 맞이하는 통과의례라고 생각하여 편안한 마음으로 기쁘게 받아들여라. 그러다 보면 입덧이 한결 나아진다.

'임신을 기뻐한 임신부보다 그렇지 않은 임신부가 훨씬 더 입덧이 심하다'는 연구결과가 있다. 따라서 임신을 기쁜 마음으로 받아들이고, 태교를 잘 하려고 노력해야 한다.

첫 3개월의 태교에 아이의 평생이 달려 있다

올바른 태교를 위해 임신부는 물론 남편도 태아에 대한 올바른 지식을 갖추어야 한다. 태아는 어떻게 생겨나서 어떤 과정을 거쳐 성장하며, 태아가 자라고 있는 자궁은 어떠한지, 태아는 어떤 스트레스에 시달리는지 태아에 대해 미리 알아야 진정한 태교를 시작할 수 있다.

보통 수정 후부터 임신 12주까지 태아의 심장, 간, 폐, 뇌 등이 될 원시세포가 만들어진다. 그 이후에는 그 세포를 바탕으로 형성된 기관들이 성장을 한다. 이 시기에는 대부분의 약이 영향을 미치므로 임신부는 약 복용을 절대 금지하고, 외부환경에 주의해야 한다.

자연유산의 80%가 임신 12주 이내에 발생하기 때문에 이때의 태교는 정서적인 안정은 물론 육체적인 안정에 중점을 두어야 한다. 남편은 이 기간에 육체적인 안정이 필요한 아내에게 무리한 성관계를 요구하면 안 된다.

임신부는 집 안에만 있지 말고 심리적인 안정을 위해 가벼운 나들이를 자주 해야 한다. 태양이 눈부시게 비추는 야외를 산책하는 것도 좋고, 가끔 교외로 나가 삼림욕을 즐길 수 있다면 더욱 좋다. 물론 남편과 함께라면 많은 도움과 사랑을 받을 수 있어 좋지만, 혼자라도 가까운 공원을 자주 산책하면서 신선한 공기를 마시고 편안한 마음을 갖도록 노력하라.

건강한 부모에게서 건강한 아이가 태어난다. 태교는 빠를수록 좋다. 출산계획을 세우면서 태교를 시작하라. 첫 3개월의 태교에 아이의 평생이 달려 있다.

아이의 지능을 높이는 태교

아이의 뇌세포 중 70%는 엄마 배 속에 있을 때 만들어진다. 미국 피츠버그대학교 연구결과에 의하면, "사람의 IQ가 결정되는 데는 유전자의 역할보다 자궁 내 환경이 더 영향을 미친다. 바람직한 자궁 내 환경으로는 충분한 영양공급, 유해물질 차단, 편안한 마음이다"라고 했다.

따라서 임신부는 태아를 위해 마음을 편안하게 하고, 충분한 산소와 균형 잡힌 영양을 공급해야 한다. 매사를 긍정적으로 생각하고 감사한 마음을 가질 때 마음이 편안해진다. 남편이 아내의 배를 사랑스럽게 자주 쓰다듬으면서 태아와 대화를 하면 임신부의 마음도 편안해지고 태아의 두뇌발달에도 좋은 자극이 된다.

임신부는 실내에만 있지 말고 자주 밖으로 나가 산책하면서 심호흡을 하라. 태아에게 산소도 충분히 공급하고, 마음을 다스리는 효과도 있다. 충분한 영양공급을 위해 음식은 골고루 섭취하되 태아의 뇌 발육에 필요한 단백질이 풍부한 음식을 충분히 먹어야 한다.

태아의 지능을 높이는 태교방법

'엄마가 행복해야 태아도 행복하다.'

일본 도쿄대학의 오오시마 키요시大島 淸 교수는, 태아의 지능이 좋아지는 방법으로 '임신부가 느끼는 행복감'을 첫째로 꼽았다. 임신부가 행복하면 뇌에 나쁜 영향을 주는 스트레스 호르몬의 분비가 줄어들어 태아의 두뇌성장이 활발해지므로 임신부는 행복한 생각을 하고, 행복한 마음을 가져야 한다.

둘째, 임신부의 규칙적인 생활이다. 태아도 낮과 밤을 구별하기 때문에 임신부의 일상생활이 규칙적이면 태아도 정상적인 생활주기를 갖게 되어 두뇌성장이 활발해진다.

셋째, 배를 사랑스럽게 쓰다듬으면서 다정하게 이야기한다. 배를 쓰다듬는 것은 태아에게 매우 좋은 피부자극이다. 태아 때는 물론 갓 태어난 신생아가 엄마와 자주 피부를 접촉할수록 지능이 높다는 연구결과가 있다. 또한 태아가 자궁 내에서 듣는 소리 중 가장 잘 들리는 것은 엄마 목소리이고, 그 다음은 엄마의 심장박동 소리다. 울던 아이가 엄마 품에 안기면 금세 울음을 멈추는 것은 자궁 속에서부터 들어온 친근한 엄마의 심장박동 소리에 안심이 되기 때문이다.

태명을 정해서 태아와 끊임없이 다정하게 대화를 하라. 엄마아빠의 행복한 미소가 담긴 나지막하고 아름다운 목소리를 들으며 자란 태아의 뇌는 그렇지 않은 태아에 비해 월등하게 발육한다.

엄마가 좋아하는 음악이 최고의 태교음악

음악은 임신부의 기분과 마음을 안정시켜 주고 뇌 활성 호르몬의 분비를 촉진시켜 태아의 뇌 발달에 도움을 준다. 그러면 어떤 음악이 태아에 좋을까? 그건 엄마가 좋아하는 음악이 최고의 태교음악이다.

임신부는 조용한 분위기에서 아름다운 음악을 들으면서 태아의 뇌신경망이 잘 형성되도록 도와주어야 한다. 그렇다고 억지로 클래식 음악을 들을 필요는 없다. 클래식 음악을 듣는 것이 임신부가 즐겁지 않다면 오히려 태아에게는 스트레스가 된다. 그보다는 평소 들으면서 자신도 모르게 따라 불렀던 좋아하는 가요나 팝송, 가곡, 동요 등 어느 것이든 다 좋다. 들어서 즐겁고 유쾌할 수 있다면, 그것이 최고의 태교음악이다.

좋아하는 음악을 들으면서 눈을 감고 '참 아름다운 노래구나. 기분이 좋아지고 마음이 편안해진다!'고 생각하면 실제로 마음이 편안해지고 기분도 좋아진다. 그러나 너무 빠르거나 시끄러운 음악은 피하라. 엄마의 심장박동이 빨라지고 흥분상태가 되면 태아에게 좋지 않다.

하천을 흐르는 물소리, 나뭇가지가 흔들리는 바람소리, 철썩거리는 파도소리, 떨어지는 빗소리와 같은 자연의 소리를 들으면 마음이 안정되고 평화로워진다. 송아지 울음소리, 새들이 지저귀는 소리, 매미 울음소리, 개구리 울음소리, 귀뚜라미 소리와 같은 동물이나 곤충의 소리도 마음을 평온하게 한다.

자연의 소리에는 '생명의 리듬'이 들어 있어서 사람의 마음을 안정시켜 준다. 임신부는 자연의 소리를 자주 귀 기울여 들어라. 한결 마음이 안정되는 것은 물론 태아의 두뇌발달에도 좋은 영향을 준다.

스트레스는 태아의 뇌 발육에 치명적이다

임신부가 스트레스를 받으면 탯줄 혈관과 자궁혈관이 수축되어 태아에게 공급하는 혈액이 감소한다. 그러면 혈액으로 운반되는 산소가 부족하여 태아는 정상적으로 발육되지 못하여 기형아나 저체중아로 출산되거나, 유산과 조산의 위험이 높아진다. 산소부족은 태아의 뇌세포 성장을 억제시켜 뇌 크기를 작게 한다. 태아의 뇌조직은 다른 신체조직보다 훨씬 중요하고 더 빨리 성장한다.

임신부가 스트레스를 받아 산소가 부족하면 태아의 뇌는 큰 타격을 입는다. 임신 초기에는 태아의 신체 각 기관이 형성되는 시기이므로 산소를 가장 많이 필요로 한다. 태아에게 발생하는 질환의 대부분은 산소결핍증이 원인이다. 산소 없이는 우리가 한시도 살 수 없듯이 태아의 발육에도 충분한 산소공급이 무엇보다 중요하다.

임신 초기에 사우나 목욕탕의 뜨거운 물에 자주 들어가는 산모는 그렇지 않은 산모보다 기형아 출산율이 2~3배 더 높다. 왜냐하면 그곳에 들어가면 숨이 가빠지는데, 이는 산소가 부족하기 때문이다. 임신부는 산소가 부족한 환경에서 장시간 있는 것을 피해야 한다. 산소 소모가 큰 운동은 가급적 하지 않아야 하며, 그 대신 의식적으로 심호흡을 자주 하여 태아에게 산소를 풍부하게 공급해 주어야 한다.

따라서 스트레스는 태아에게 치명적이므로 임신부는 스트레스가 많은 환경을 피하고, 몸과 마음을 편안하게 잘 다스려야 한다. 물론 남편과 가족을 비롯한 주위 사람들도 임신부가 스트레스를 받지 않도록 도와주어야 한다.

아빠의 태교는 필수

"임신했으면 왕비라도 되는 줄 알아?"

임신한 후 몸이 무거워서 집안일을 좀 도와달라거나, 먹고 싶은 것을 얘기하면 이렇게 불평하는 남편이 있다. 하지만 배 속의 아이가 자라면서 심리적, 신체적 변화로 아내의 중압감은 이루 말할 수 없다. 이때 남편이 따뜻한 말로 다독거려 주고 감싸주면 아내는 큰 위안을 받는다. 어느 누구보다 남편은 아내의 태교환경에 가장 큰 영향을 줄 수 있기 때문에 아빠의 태교는 필수적이다. 그렇다면 아빠는 어떻게 태교를 해야 할까?

첫째, 아기를 가질 때 좋은 기운을 주기 위해서 출산계획을 세우면서부터 몸을 건강하게 관리하고 올바르지 않은 생각과 행동을 삼가면서 몸과 마음을 준비한다.

둘째, 임신한 아내가 안정감을 가질 수 있도록 배려하고 보살펴 준다. 아내가 집안일에 무리하지 않도록 기쁘게 도와주고, 배 속의 아이와 다정하게 대화하면서 아빠로서 준비한다. 아내의 배에 귀를 대고 훗날 아이와 함께 해보고 싶은 얘기들을 다정하게 이야기한다. 그러면 아이는 태어나서 아빠의 목소리를 기억할 것이다. 태아는 아빠의 사랑과 응원을 받아 건강하게 자랄 것이고, 아내도 그런 남편에게 감사한 마음이 들면서 행복감을 느낀다.

다음은 아빠와 워킹맘working mom을 위한 태교 사례다.

〈아빠를 위한 태교 사례〉

- 아내에게 매일 포근한 사랑을 표현한다.
  (스킨십, 대화, 문자, 전화, 메일 등)
- 아내의 신체적, 심리적 변화에 관심을 가지며, 다정하게 대화한다.
- 휴일에는 아내와 함께 가벼운 산책이나 쇼핑하면서 기분전환을 시켜 준다.
- 아내가 힘들어하는 집안일을 즐겁게 돕는다.
- 가끔 아내를 위해 요리를 한다.
- 하루 10분만이라도 아내가 좋아하는 음악을 함께 듣는다.
- 아내와 함께 목욕하면서 아내의 배와 등을 부드럽게 닦아준다.
- 매일 아내의 배를 쓰다듬으면서 태아에게 다정한 목소리로 말을 하거나 자장가를 불러준다.
- 집안행사나 명절 등에는 가족의 양해를 구해서 아내가 심적 부담을 느끼지 않고 즐겁게 지낼 수 있도록 도와준다.
- 출산용품을 함께 마련한다.
- 아이가 태어난 후에 있을 미래에 대해 얘기를 나눈다.
- 아내가 두려움을 극복할 수 있도록 도와준다.
- 가능한 한 산부인과에 함께 가서 의사로부터 임신상태와 주

의사항을 듣는다.
- 아내의 등 아래쪽과 발을 자주 문질러 준다.
- 가끔 아내가 좋아하는 꽃을 선물한다.
- 육아에 대해 아내와 함께 공부하고 육아원칙을 세운다.
- 아내가 원할 때만 성관계를 하고, 그렇지 않을 때는 이해해 준다.
- 집에 오면 바로 '오늘은 어떻게 지냈어?'라며 아내에게 관심을 가지고 물어본다. (신문, TV, 컴퓨터, 스마트폰을 멀리하고)
- 출산 후 아내에게 줄 선물을 미리 준비한다. (출산 후 입원실에서)
- 출산 때는 반드시 아내 곁을 지키며 격려한다.

〈워킹맘을 위한 태교 사례〉

- 출퇴근 시간에 음악태교를 한다.
  출퇴근 시간을 평소보다 30분~1시간 정도 앞당긴다. 그러면 복잡한 시간을 피할 수 있고, 업무시간 전까지 음악을 듣거나 책을 읽으면서 태교에 시간을 할애할 수 있다.
- 점심시간에는 가벼운 산책과 스트레칭을 한다.
  임신 초기에는 감기기운이 있는 것처럼 나른하고 자주 졸리기 때문에 수시로 밖에 나와 신선한 공기를 마시면서 기분전환을 시킨다. 또 같은 자세로 오랫동안 앉아있으면 배가 뭉치거나 다리가 붓는데, 짬짬이 스트레칭을 해주면서 몸을 풀어준다.
- 식사습관의 원칙을 세운다.

  하루 세끼를 규칙적으로 골고루 먹는 식사습관을 갖는다. 술은 물론 커피, 녹차, 콜라와 같은 카페인이 들어간 음료를 금하고 건강에 좋은 차나 생수로 바꾼다.

- 퇴근 후에 태아와 다정하게 대화한다.

  퇴근 후 편안한 자세로 하루에 있었던 일을 태아와 얘기를 나눈다. 태교에서 가장 중요한 것은 엄마와 아기가 교감을 나누는 것이다.

- PC 모니터나 스마트폰을 장시간 보는 것을 피한다.

  PC모니터나 스마트폰을 장시간 보면 정상적인 사람도 눈이 침침하고 피로감이 온다. 40~50분마다 일어나서 밖으로 나가 심호흡을 하여 산소를 듬뿍 들이마시고, 가벼운 스트레칭을 한다.

가장 좋은 육아방법은?

첫 아이를 낳고 나면 얼마나 설레고 기쁜지 모른다. 아이를 들여다보고 있으면 모든 근심걱정은 사라지고 오직 무럭무럭 건강하게 잘 자라주었으면 하는 바람뿐이다. 그러나 아이를 어떻게 키워야 할지 걱정되고 불안하다. 예전에는 대가족이 한집에 살면서 할머니나 어머니가 아이를 키워 줬기 때문에 육아걱정은 하지 않았다. 요즘은 부부만 살다 보니 아이를 잘 키우려면 엄마 아빠가 함께 노력해야 한다.

옛날처럼 육아는 아내, 돈 벌이는 남편으로 역할을 나누면 아이를 올바로 키울 수 없다. 아내가 전업주부라도 남편이 육아에 적극적으로 참여해야 한다. 물론 아내가 워킹맘이면 반드시 그래야 하지만.

엄마 아빠로서 육아에 필요한 지식을 습득하기 위해 함께 공부하라. 서점이나 도서관에는 육아에 관한 책도 많고, 인터넷에도 전문가의 지식과 많은 사례가 있다. 가장 중요한 것은 아이를 사랑하는 부모의 마음이다. 아이가 건강하게 자랄 수 있도록 엄마 아빠가 함께 배우고 노력하는 것이 육아의 기본이다.

가장 좋은 육아는 잘 놀아주는 것

좋은 부모가 되고 싶다면 먼저 아이와 재미있게 잘 놀아주어라. 아이는 놀면서 크고, 놀면서 배운다. 재미있게 잘 놀아주는 부모가 좋고, 그럴 때 아이는 행복을 느낀다. 아이와 놀 때는 놀이에 집중해서 놀이 자체를 함께 즐겨라. 아이와 놀아준다기보다 아이와 재미있게 같이 논다고 생각하라. 그래야 아이와 노는 것이 즐겁고 재미있다. 부모가 재미있게 잘 놀아주는 아이는 성격도 좋고, 두뇌도 잘 발달한다.

유교 윤리의 기본인 삼강오륜三綱五倫의 오륜 중 첫째가 '부자유친父子有親'이다. 이는 부모와 자식은 친해야 한다는 뜻이다. 아이는 잘 놀아주는 부모를 좋아하고 친해진다. 부모와 아이와의 상호작용은 마치 연애하는 것과 비슷하다. 상대의 행동 하나 말 한마디에 관심이 가고, 무엇이든지 다 해주고 싶다. 생각만 해도 기분이 좋아지는 사이가 친한 사이다.

자녀양육은 아이와 잘 놀아서 친해지는 것에서부터 시작한다. 자신을 좋아하는 부모가 하는 행동은 즐겁고, 따라 하고 싶다. 좋아하는 부모가 해주는 말은 귀 기울여 듣고 싶고, 싫은 얘기를 해도 거부감이 없다. 때문에 아이와 친한 부모는 아이가 말썽을 부리거나 문제가 생겨도 잘 해결할 수 있다.

이때 부모는 무조건 아이를 야단치거나 다그치면 안 된다. 먼저 아이의 생각을 충분히 들은 후, 둘이 힘을 합쳐 어떻게 해결할 것인지 의논을 한다. 그러면 아이는 어려운 문제도 부모와 의논하면 쉽게 해결할 수 있다고 믿는다. 그런 과정을 통해서 아이는 어떤 문제라도 서로 의논하면 쉽게 해결할 수 있다는 아주 중요한 믿음과 문제해결 방법을 배운다.

맞벌이 부모는 아이와 놀 시간이 부족하겠지만 아이와 노는 시간은 양보다 질이 더 중요하다. 비록 짧은 시간이라도 아이와 재미있게 놀아주기 위해 정성을 다하면 된다. 그러나 집에 들어오자마자 피곤하다고 놀아주지 않거나, 건성으로 놀아준다면 아이는 실망하고 큰 상처를 입는다. 따라서 부모는 집에 들어서면 함께 놀기를 기다리는 아이와 노는 것을 가장 우선으로 해야 한다.

또 하루 중 아이와 노는 시간표를 함께 정해 놓고 규칙적으로 놀아주는 것도 좋은 방법이다. 시간표를 아이와 함께 만든 후 그 시간에 놀아주면, 아이도 부모와 재미있게 놀기 위해 기다리는 법도 자연스레 배운다. 또 피곤하더라도 아이와 이미 시간표를 만들어 놓았기 때문에 즐겁게 놀아주려고 애를 쓰게 된다.

아이가 크면 함께 놀기 위해서는 좀 더 많이 노력해야 한다. 그 또래 아이들이 무엇을 하고 노는지, TV프로그램은 어떤 것을 주로 보는지, 어떤 장난감, 게임, 책을 좋아하는지 관심을 가지고 살펴야 한다. 그래야 아이에게 맞춰서 재미있게 놀 수 있다. 무엇보다 아이를 좋아하는 마음만 있으면 아이가 무엇을 좋아하고 관심을 가지는지 파악하는 것은 어렵지 않다.

아이는 부모의 가장 귀한 손님

아이는 조물주가 부모에게 보낸 가장 귀한 손님이다. 행복하게 살아갈 수 있도록 성인이 될 때까지 잘 보살피고 가르쳐 달라면서 '행복'이라는 수많은 선물꾸러미도 함께 보냈다. 그 선물꾸러미는 아이가 행복하다고 느낄 때마다 엄마 아빠에게 하나씩 풀어놓는다. 가장 귀한 손님을 대하듯 부모는 아이에게 사랑과 정성을 쏟아야 한다.

아이가 태어나기 전에 '어떤 부모이기를 원하고, 어떤 아이로 키울 것인가?'에 대해 육아원칙을 정해야 한다. 그렇지 않으면 아이를 대할 때마다 '이렇게 하는 것이 옳을까? 저렇게 키우는 게 좋을까?'라며 혼란을 겪는다. 주위의 다양한 육아방법이나 인터넷과 매스컴의 수많은 육아정보에 휩쓸리기 쉽다. 부모의 육아원칙이 명확하지 않으면 아이는 더욱 불안하고 혼란스럽다. 따라서 출산 전에 함께 공부하여 분명한 육아원칙을 세워라.

육아원칙을 세울 때도 부모보다 아이가 중심이 되어야 한다. 자신들의 대리 만족을 위해 아이를 키우겠다는 욕심을 부리지 마라. 또한 손님의 잘못이나 실수에는 한없이 너그러운 것처럼 아이에게도 자상하고 관대해야 한다. 아이는 실수를 통해서 배우고 자란다.

아이는 자신의 모든 것을 오로지 부모에게 맡겼다. 사랑과 정성을 쏟을수록 아이는 건강하게 무럭무럭 자랄 뿐 아니라 크나큰 '기쁨과 행복'이라는 큰 선물을 안겨준다. 아이를 키우는 일은 부모에게 더할 수 없는 축복이자 선물이다. 어떤 경우라도 부모가 잊지 말아야 할 것은 '아이는 가장 귀한 손님'이라는 사실이다.

육아는 부모가 함께한다

아이는 행복하게 자라야 할 권리가 있다. 아이를 행복하게 잘 키우려면 먼저 부모가 행복해야 한다. 행복한 부모는 부부 사이가 친밀하여 어려움이 있을 때는 대화로써 함께 해결한다. 그런데 엄마는 육아에 대해 불안하고 두렵다. 아이를 잘 키워야 한다는 책임감은 큰데, 아이를 어떻게 키워야 할지 잘 모른다. 혹시 아이를 잘못 키우면 어쩌나 싶어 걱정이 많다. 또 일을 통해서 자아도 실현하고 싶고, 육아도 잘하고 싶다.

일하지 않는 엄마는 하루 종일 아이를 보살피며 잘 지내다가 문득, '나는 지금 무얼 하고 있나? 친구들은 자아실현을 위해 열심히 일하고 있는데…'라는 생각이 든다. 그러면 아무 일도 할 수 없게 만든 아이가 미워지고, 사회에서 도태되는 것만 같아 불안하고 우울해진다.

반면 워킹맘은 일하다가도 문득 '다른 엄마들은 지금 아이를 열심히 키우는데 난 아이한테 이렇게 해도 되나? 나는 나쁜 엄마구나!'라는 생각이 든다. 그러다 보니 육아도, 자신의 일도 모두 불안하고 두렵다. 워킹맘은 육아에 대한 절대적인 시간부족으로 죄책감에 시달리면서 육아와 일에 대해 이중으로 부담을 느낀다.

이런 불안감은 일을 하든, 하지 않든 육아는 전적으로 엄마의 몫이라는 생각에서 일어난다. '엄마는 이래야 하고, 아빠는 저래야 한다'는 고정관념의 영향도 크다. 엄마가 불안하고 두려움에 젖어 있으면, 아이도 불안하고 혼란스럽다.

생후 1년 미만의 영아에게 엄마의 존재는 절대적이다. 하지만 엄마는 육아를 처음 경험하는 일이라 늘 두렵고 불안하다. 그런 불안과 두려움에서 벗어나도록 도와줄 수 있는 사람은 바로 남편이다. 어렵거나 힘들 때는 언제든지 이야기하고 도움 받을 수 있는 남편이 곁에 있다고 느낄 때 심리적으로 안정감을 갖는다. '우리 두 사람이 힘을 모으면 무슨 일이든지 해결할 수 있다'라며 서로 격려하고 신뢰하는 부부관계일 때 엄마는 육아도, 일도 자신감을 가지고 잘할 수 있다.

하지만 부부 사이가 원만하지 않을 경우, 엄마는 아이에게 지나치게 집착하여 자신의 삶의 의미를 찾으려고 한다. 부부관계에서 얻지 못한 부분을 아이에게서 채우기 위해 과잉기대나 과잉간섭을 한다. 그러다 자신의 기대에 미치지 못할 경우 아이에게 화를 내고 심지어 학대까지 한다. 그 결과 아이와 엄마 모두 불행해진다.

아빠 엄마가 잘 놀아준 아이가 건강하고 행복하다. 좋은 부모는 부부 사이가 친밀하며 육아도 함께한다.

아이의 성격은
엄마와의 애착관계에서 결정된다

 부모는 자녀가 행복하기를 바란다. 그런데 어떻게 하면 행복할 수 있을까? 큰 명예와 부를 얻지 못했더라도 남에게 신세 지지 않고, 하는 일에 만족하며, 가족, 친구, 이웃들과 잘 지내면서 즐겁게 사는 것이 행복한 삶이다. 이렇게 살아가기 위해서는 우선 마음이 편하고 성격이 좋아야 한다. 그래야 스트레스도 덜 받고 다른 사람들과 원만하게 잘 지낸다. 그래서 사람들은 '성격이 어때? 성격이 참 좋다, 성격이 까다롭다'와 같이 성격으로 사람을 평가한다.

 그러면 성격은 어떻게 형성될까? 성격은 타고난 기질에다 태어난 후 어떤 환경에서, 어떻게 키워지느냐에 따라 결정된다. 비록 까다로운 기질로 태어났더라도 엄마의 따뜻한 보살핌을 지속적으로 받으면서 자란 아이는 엄마와 안정적인 관계가 형성되어 마음이 편하고 순한 성격으로 성장한다.

반면, 아무리 순한 기질을 타고났더라도 불안하고 두려워서 엄마에게 다가갔는데 반응이 없거나, 짜증스런 반응을 보이거나, 심지어 화를 내고 때린다면 엄마와의 관계가 불안정하게 형성된다. 그러면 아이는 다른 사람들도 엄마와 같을 거라 생각하여 사람들과 갈등을 일으키면서 자라게 되고, 어른이 되어서도 인간관계에서 많은 어려움을 겪게 된다.

또한 떼를 쓰는 아이도 엄마와의 관계 때문에 영향을 받은 경우다. 엄마가 기분이 좋을 때는 다정하게 안아주고, 그렇지 않을 때는 짜증을 내거나 귀찮게 여긴다. 그러면 아이는 가끔 경험했던 엄마의 따뜻한 품을 그리워하며 엄마에게 달라붙고, 엄마가 안아주지 않으면 불안해서 떨어지지 않으려고 떼를 쓴다. 이처럼 아이의 성격은 타고난 기질보다 엄마의 양육태도와 방식에서 영향을 더 많이 받아 형성된다.

아이는 엄마의 끊임없는 관심과 따뜻한 보살핌이 없으면 살아갈 수 없다. 엄마와 아이관계처럼 '사랑하고 아껴서 단념할 수 없는 마음'을 영국의 정신분석학자 존 보울비John Bowlby는 '애착attachment'이라고 했다. 아이는 생존본능적으로 엄마에게 다가가려고 하고, 엄마도 아이를 잘 보살피기 위해 온갖 노력을 다 한다. 아이와 엄마가 서로에게 사랑으로 밀착시키려고 집요하게 애를 쓰는 둘의 관계가 '애착관계'이다.

  아이는 배가 고프면 울어서 엄마 젖을 물려고 하고, 불안하거나 불편하면 칭얼거려서 엄마의 포근한 품에서 위로받으려고 하며, 아프면 울거나 보채서 엄마의 보호를 받으려고 한다. 아이가 엄마에게 보내는 울음, 칭얼거림, 보챔, 눈맞춤, 웃음, 안아달라는 몸짓, 기어가는 것 등이 '애착행동'이다.

  엄마의 관심과 따뜻한 보살핌이 없으면 생존할 수 없기 때문에 아이는 끊임없이 엄마에게 애착행동으로 신호를 보낸다. 그것을 엄마가 즉시 알아채고 제대로 반응해 주면 아이는 엄마와 애착관계가 안정적으로 형성되어 편안한 성격으로 성장한다. '엄마는 언제든지 내가 필요로 하고 원하는 것을 알아채고, 함께 놀아주고, 도와주고, 안심시켜 주고, 해결해 주었어. 엄마와 있으면 마음이 편안하고 즐거웠어. 다른 사람들도 아마 엄마와 같을 거야'라고 아이는 긍정적으로 생각한다.

  아이가 애착행동을 보이면 반가운 마음으로 즐겁게 다가가서 해결해 주고 보살펴 주어야 한다. 아이는 엄마가 항상 자신에게 집중하여 즐겁게 반응해 주었기 때문에 '나는 쓸만한 사람, 사랑받을 가치가 있는 사람'으로 생각하여 자긍심을 갖는다. 그러나 엄마가 아이의 애착행동을 제대로 해석하지 못하거나, 귀찮아하거나, 무시하거나, 자신의 감정기복에 따라 이랬다저랬다를 반복하면, 아이는 엄마와 불안정한 애착관계가 형성된다. 그러면 아이는 매우 혼란스럽고 불안과 공포감을 느껴 편안한 성격이 되지 못한다. 다른 사람들에 대해서도 같은 생각을 하게 되어 대인관계에서 많은 어려움을 겪게 된다.

그러므로 태어난 후 처음 관계를 맺는 엄마는 아이의 요구에 언제나 반갑고 즐겁게 반응하며 보살펴 주어야 한다. 이때 아이의 마음속에는 언제나 잘 반응해 주고 보살펴 주는 엄마에 대한 믿음이 생긴다. 엄마에 대한 믿음이 강한 아이는 밖에서도 잘 놀고, 긍정적이고 호기심도 많다. 다른 사람들과의 관계를 두려워하지 않는다. 불안하거나 도움이 필요할 때는 언제든지 엄마에게 요청하면 해결해 준다는 믿음이 있기 때문이다.

엄마와 애착관계가 안정적으로 잘 형성된 아이는 다른 사람들을 신뢰한다. 엄마가 자신에게 해준 대로 다른 사람을 대한다.

성격 좋은 아이는 부모가 만든다

대개 네 살 이전의 아이는 '남의 마음을 이해하는 능력'이 없다. 다른 사람의 마음이 어떤지 헤아리고, 대응하는 사회성 뇌가 발달하지 않았기 때문이다. 아이는 '내가 생각하는 것이 옳다고 생각하기 때문에 다른 사람들도 나처럼 생각한다'고 믿는다.

예를 들면, 엄마가 직장에서 일을 마친 후 피곤에 지쳐 집에 들어오면 세 살 된 아이가 "엄마!" 하고 달려온다. 엄마는 아무리 피곤하더라도 가장 먼저 아이의 신호를 알아채고 기다렸다는 듯이 반갑게 안아주면서 "우리 아들, 오늘 엄마 많이 보고 싶었구나. 많이 기다렸나 보네. 엄마랑 동화책 같이 읽을까?"라며 기쁘게 반응해 주어야 한다.

10분 정도 아이와 즐겁게 놀아주면 아이는 엄마로부터 충분히 이해받고 위로받았다고 생각한다. 아이에게 "엄마가 옷 갈아입고 씻은 후 우리 같이 놀까?"라고 하면, 아이는 엄마의 말을 쉽게 받아들일 것이다. 하지만 엄마가 아이의 신호를 제대로 알아채지 못하거나 시큰둥하게 반응하면 아이는 엄마에게 무시당했다고 생각하여 떼를 쓰고 반항한다.

또한 세 살 된 아이가 동생이 갖고 노는 장난감을 갖고 싶어서 빼앗는다. 동생이 울고불고 소리쳐도 아이는 '저건 동생의 문제이지 내 문제가 아니야'라는 생각으로 전혀 미안해하지 않는다. 이때 부모는 아이를 야단치거나 장난감을 빼앗아 동생에게 돌려주면 안 된다. 그러면 아이는 자신이 무시당했다고 느낄 뿐 아니라 장난감을 다시 차지한 동생까지 미워한다.

지혜로운 부모는, 아이 눈을 바라보면서 "동생이 가지고 노는 장난감이 좋아 보였구나. 너도 이 장난감을 가지고 놀고 싶었어?"라며 장난감을 갖고 싶어 하는 아이 마음을 읽고 먼저 공감해 줘야 한다. 그런 후 "그런데 어떡하니? 지금은 동생이 갖고 놀 잖니. 동생이 다 가지고 놀 때까지 기다리면 그 다음엔 네가 갖고 놀게 해줄게." 아이는 "싫어, 지금 당장 줘!"라고 말할 것이다. 부모는 침착하게 "네가 제일 좋아하는 자동차를 가지고 놀고 있는데 동생이 가져가면 어떻겠니? 지금 네게 장난감을 빼앗긴 동생 마음은 어떻겠어?"라며 입장을 바꿔서 생각하는 마음을 갖도록 가르쳐야 한다. 부모가 장난감을 갖고 싶어 하는 아이 마음을 충분히 공감하고 이해해 준다면, 아이도 부모 말을 받아들일 것이다.

아직 사회성 뇌가 발달하지 않은 만 3세까지는 아이의 신호에 부모가 어떻게 반응하느냐가 아이의 성격을 결정하는 사회성 뇌 발달에 중요한 영향을 미친다. 아이가 웃고 옹알이를 하면서부터 부모가 함께 웃어주고 옹알이에 반복해서 반응해 주어라. 말을 배우기 시작하면서부터는 '재미있구나! 슬프구나! 화났구나! 기분이 아주 좋구나! 속상하구나!'와 같은 말로 공감하면서 반응해 주어라.

아이의 모든 신호에 부모가 지속적이고 민감하게 반응해 줄 때 아이는 자신의 욕구와 감정이 부모로부터 완전히 이해 받고 충족되었다고 느끼면서 다른 사람의 마음을 배려하고 이해하는 사회성 능력을 키운다. 만약 부모로부터 이해 받지 못하고 자란 아이는 고립감과 소외감을 느끼게 된다. 그래서 부모와 다른 사람에 대해서도 불안을 느끼고 불신하게 된다.

『EQ 감성지능』, 『SQ 사회지능』이라는 베스트셀러 저자인 대니얼 골먼은 21세기 성공 키워드로, 다른 사람들과 잘 지내는 능력인 '사회성 지능'의 중요성을 강조했다. 다른 사람을 배려하고 공감하는 사회성 지능지수가 높은 성격이 좋은 성격이다. 사회성이 좋은 성격은 갓난아이 때부터 부모가 어떻게 반응해 주느냐에 따라 결정된다.

아이의 울음은 SOS

생후 12개월까지는 아이에게 인생의 출발점이 되는 가장 중요한 시기다. 이 시기를 엄마와 어떻게 보내느냐가 사람에 대한 기본적인 신뢰 형성에 결정적인 영향을 미친다. 미국의 저명한 심리학자 에릭슨Erik H. Erikson은, "아이의 심리적·신체적 욕구에 엄마가 적절한 반응을 보이고, 일관성 있게 돌봐 주면 아이는 자기를 돌봐 주는 사람을 신뢰한다"고 했다.

젖먹이는 혼자서 아무것도 할 수 없다. 기저귀가 축축해도, 배가 고파도, 몸이 아파도 그렇다. 아이는 울음으로 부모나 주위 사람들에게 도움을 요청한다. 그러면 부모는 즉시 다정하게 보살펴 주어야 한다. 그렇지 않고 우는 아이를 내버려 두면, 고통스러웠던 순간에 부모로부터 도움 받지 못했던 기억으로 인해 사람들을 신뢰하지 않게 된다. 또 스스로 좌절감에 빠질 수 있다. 아이가 배고파서 울음으로 신호를 보냈을 때 엄마가 즉시 젖을 물려 주면, 아이는 '나는 배고픔을 직접 해결할 수 없지만 엄마가 내 문제를 해결해 줄 것'이라고 믿는다. 이것이 아이가 태어나서 처음으로 경험하는 신뢰다.

아이가 매번 똑같이 '앙앙'거리며 우는 것 같지만, 아이의 울음에는 여러 가지 내용이 담겨 있어서 조금씩 다르다. 울음소리만 듣고도 배가 고픈지, 놀아달라고 하는지, 기저귀가 젖었는지, 열이 나서 아픈지를 구별할 수 있어야 좋은 엄마다.

생후 12개월까지는 어떤 상황에서도 아이의 울음을 무시하지 마라! 아이가 바라는 것은 아무리 들어주어도 지나치지 않는다. 혼자 아무것도 할 수 없으므로 아이가 원하는 것을 즉시 알아챈 후 즐겁게 받아주고, 들어줄 때 아이는 자신과 타인, 세상을 신뢰하는 첫걸음을 잘 내디딜 수 있다.

아이는 보통 생후 8개월쯤 되면 낯가림을 한다. 엄마에 대한 신뢰가 높은 아이는 다른 사람들에게 비교적 잘 안긴다. 다른 사람들도 엄마처럼 자신이 원하는 것을 언제든지 잘 들어주고 사랑해 줄 거라고 믿기 때문이다. 평소 부모가 울음을 알아챈 후 충분이 보살펴 주고 요구하는 것을 모두 들어준 아이는 밖에 나가서 떼를 쓰지 않는다. 어린이 집이나 유치원에 가서도 친구들과 잘 어울린다.

  아이가 억지를 부리거나 떼를 쓰는 것은 평소 부모가 자신의 요구를 들어주지 않은 데 대한 욕구불만의 표현이다. 이때 부모는 단호하게 안 된다고 말하고 아이에게 양보해서는 안 된다. 부모는 아이가 울며 떼쓴다고 한 번 들어주게 되면 점점 더 떼를 쓰게 되므로 항상 일관된 태도를 유지해야 한다.

  아이의 성격은 엄마 아빠와의 관계에서 형성된다. 생후 12개월까지 아이의 울음소리는 SOS다. 즉시 공감하며 반응해 주어라. 그러면 안정적인 애착관계가 형성되면서 좋은 성격의 아이로 자란다.

아이의 두뇌발달은 양육방법에 달려 있다

아이의 뇌는 생후 12개월 안에 폭발적으로 성장한다. 태어날 때 400g이던 뇌의 무게가 첫돌 전후로 약 1,000g이 된다. 이 기간에 아이는 에너지의 60%를 뇌 성장에 사용한다. 아이의 뇌세포는 외부에서 자극이 올 때 성장한다. 아이가 부모로부터 얼마나 많은 자극을 받았느냐에 따라 두뇌성장은 달라진다. 따라서 누가 키워주고, 어떤 경험을 했느냐가 뇌 발달에는 더 중요하다. 즉, 낳아준 부모보다 길러준 부모가 아이의 두뇌발달에 더 많은 영향을 미친다.

아이의 뇌는 모든 자극에 반응할 수 있는 기능을 갖고 태어나서 수많은 자극에 반응하면서 성장한다. 눈, 코, 입, 귀, 피부 등도 외부 자극에 반응하면서 완성된다. 하지만 아이가 뇌를 비롯한 모든 감각기관을 정상적으로 가지고 태어났더라도 엄마가 눈을 맞춰 주지 않고, 이름을 불러 주지 않고, 안아주고 쓰다듬어 주지 않는다면 정상적으로 성장하지 못한다.

'신이 이 세상 모든 곳에 갈 수 없어서 엄마를 세상에 보냈다'는 서양속담이 있다. 이만큼 엄마는 아이를 건강한 사람으로 만드는 절대적 존재다. 엄마로부터 좋은 자극, 풍부한 자극을 많이 받은 아이는 모든 신체기관이 놀라울 정도로 잘 성장한다. 엄마와의 모든 경험이 뇌에 기억으로 남아 감정이 풍부한 아이, 다른 사람들과 잘 어울리는 아이, 머리가 좋은 아이로 성장한다.

엄마의 따뜻한 보살핌이 아이의 두뇌를 성장시킨다

엄마 배 속에서 모든 준비를 마친 아이는 엄마가 재미있게 잘 놀아주기를 애타게 바라면서 태어난다. 엄마는 아이가 원할 때마다 기쁜 마음으로 흡족하게 놀아주면 아이의 모든 뇌세포와 감각기관의 신경들이 활성화되면서 성장한다. 특히 뇌가 가장 많이 성장하는 시기인 생후 12개월은 기분 좋은 자극이 절대적으로 필요하다.

엄마는 무조건 기쁜 마음으로 아이와 열심히 놀아주어라. 하지만 아이가 쉬고 싶어 할 때는 편히 쉴 수 있도록 도와주어야 한다. 엄마가 포근하게 품어 주고, 피부를 부드럽게 쓰다듬어 주는 스킨십을 많이 해주면 촉감정보가 아이의 뇌로 전달된다. 촉감에 의해 자극된 뇌는 신경물질을 분비하고 회로를 형성하면서 발달한다. 아이의 곁에 있어 주기, 품어 주기, 쓰다듬어 주기, 젖 주기, 눈 맞춰 주기와 같은 엄마의 행동은 아이의 뇌를 자극해서 좋은 호르몬과 좋은 신경전달물질을 분비시켜 체온을 유지하고, 면역력을 키워주고, 몸의 모든 기관을 건강하게 성장시킨다.

하지만 아이가 신호를 보내도 무시하거나 엄마가 잘 놀아주지 않고 짜증을 자주 내면 아이는 불안하고 두려워서 스트레스를 받는다. 그러면 아이의 뇌세포는 성장이 둔화된다.

또 엄마가 잘 품어주지 않은 아이는 체온이 떨어지고, 신체의 정상적인 화학작용이 둔화되어 발달이 늦어진다.

갓난아이의 가시거리는 20센티미터쯤 된다. 이 거리는 엄마가 아이를 안고 젖을 먹일 때 바라보는 엄마와 아이의 눈 사이 거리다. 갓난아이는 자신을 안은 엄마를 알아볼 만큼의 시력을 가지고 태어난다는 뜻이다. 엄마가 아이를 안고 젖을 먹일 때 눈을 맞추면서 보내는 다양한 자극을 받아 아이의 우뇌가 성장하고, 시각능력도 발달한다. 따라서 엄마는 아이를 따뜻하게 보살펴 주고 좋은 자극을 풍부하게 줌으로써 아이가 건강하게 자랄 수 있도록 도와주어야 한다.

아이의 주 양육자는 엄마

만 세 살까지는 아이의 성장에서 매우 중요한 시기다. 이 시기에 아이의 뇌는 엄마와의 상호작용에 의해서 폭발적으로 성장한다. 대인관계에 영향을 미치는 사회성의 뇌는 이 시기에 큰 틀이 완성된다. 즉 다른 사람에 대해서 어떻게 느끼고 행동하느냐를 결정하는 아이의 기본적인 성격이 이 기간에 완성된다.

따라서 만 세 살까지는 엄마가 아이와 함께 있으면서 육아에 전념하는 것이 가장 좋다. 그러나 일을 하고 있더라도 만 세 살까지의 주 양육자는 엄마가 되어야 한다. 다른 사람이 아이를 돌봐주더라도 아이를 돌보는 모든 과정을 엄마가 알고 있어야 한다. 양육자와 엄마는 아이에 관해서 항상 함께 의논해야 한다.

그리고 만 세 살까지는 가능하면 주 양육자를 바꾸지 마라. 부득이하게 바뀌면 아이는 애착을 느꼈던 양육자를 잃은 상실감으로 우울해지거나 공격적으로 변할 수 있다. 상실의 아픔과 새로운 양육자에게 적응해야 한다는 불안감으로 매우 혼란스럽기 때문이다. 이 경우에 부모는 아이가 혼란스러운 감정을 충분히 표현할 수 있도록 인내심을 가지고 도와주어야 한다. 아이가 새로운 주 양육자와 애착관계가 잘 형성될 수 있도록 끈기를 가지고 노력해야 한다.

아이는 부모의 거울이다

어릴 때는 착하고 말을 잘 듣던 아이가 어느 순간부터 전혀 말을 듣지 않고 속을 썩인다. 아무리 공부하라고 야단쳐도 책에는 관심이 없고 놀기만 좋아한다. 이런 자녀를 보면서 부모는 자식을 잘못 키웠다며 후회를 한다.

그런데 아이는 머리 속에 CCTV 카메라를 장착하고 태어났다. 아이는 부모의 일거수일투족을 하나도 빠뜨리지 않고 모두 녹화해 두었다가 비록 표현은 못하지만 전부 재생해서 보면서 그대로 학습한다. 그러다 성장해서 자신의 의사를 표현할 수 있을 때부터 학습한 내용을 조금씩 드러낸다. 그걸 보고 사람들은 "어쩌면 아빠를 저렇게 닮았을까?"라고 한다.

콩 심은 데 콩 나고, 팥 심은 데 팥 난다. 지금의 자녀 모습은 갓난아기 때부터 부모가 뿌려 놓은 씨앗의 결실이다. 그런데 누구를 원망하고 탓할 수 있겠는가?

나중에 '자식농사 잘못 지었다!'고 후회하지 않으려면 지금부터 좋은 씨앗을 뿌려서 정성을 다해 가꾸어라. 부모가 먼저 아이에게 바라는 모습이 되도록 노력해라. 사람이 살아가는 데 필요한 모든 능력은 가정에서 부모로부터 배운다. 매사를 긍정적으로 생각하고 감사한 마음을 가져라. 아이에게 다정하게 말하고, 존중하고 배려하라.

아이가 공부 잘하기를 바라면 집안 분위기를 책 읽고 공부하는

데 적합하도록 바꾸고, 먼저 부모가 책을 읽고 공부해야 한다.

아이의 건강을 위해서는 먼저 부모가 건강하기 위해 노력해야 한다. 특히 부모의 식습관은 아이에게 그대로 이어진다. 세끼 식사를 반드시 먹는 것은 물론 건강에 나쁜 인스턴트나 패스트푸드를 피해야 한다. 아이의 소화기능을 좋게 하고 싶으면 부모가 음식을 꼭꼭 씹어서 천천히 먹어야 한다.

이외에도 부부가 함께 의논해서 무엇을, 어떻게 해야 할 것인지 정하라. 그런 후 서로 격려하면서 노력하면 반드시 실천할 수 있다. 이렇게 아이를 위해 노력하면 부모가 먼저 행복해진다. 아이를 위한 것이 부모 자신을 위한 것이 된다. 아이가 부모에게 준 크나큰 선물이다. 사랑하는 아이의 일생을 위한 프로젝트인데 무엇인들 못하겠는가. 훗날 아이가 성장한 후 치러야 할 노력과 비용에 비하면 아무것도 아니다.

아이는 부모의 거울이다. 아이는 부모가 시키는 대로 하지 않고 부모가 하는 그대로 따라 한다. 부모는 아이에게 최초의 스승이자 최고의 스승임을 잊지 마라.

아낌없는 칭찬이 아이의 자신감을 키운다

아이는 부모의 끊임없는 칭찬과 사랑을 먹고 자란다. 아이에게 하는 엄마 말의 대부분은 칭찬이다. 아이가 말을 배우기 시작하면 엄마의 칭찬은 극에 달한다. 아이에게 "엄마!"라는 말을 수없이 반복해서 가르친 덕분에 아이가 비슷한 발음을 하는 순간 엄마는 "와~아, '엄마' 했다. 한 번 더 해봐, 엄마!"라며 마치 기적이라도 발견한 것처럼 감탄을 한다. 남편도 덩달아 아내 말에 맞장구치면서 호들갑을 떤다. 단 한 번도 발음이 틀렸다거나, 제대로 하지 못했다며 비난하지 않는다. 발음이 잘못되거나 아무리 말이 늦더라도 부모는 오직 칭찬만 한다.

또 걸음마를 배울 때도 마찬가지이다. 한 발짝 내딛다가 넘어져도 칭찬하고, 뒤뚱거려도 칭찬을 한다. 아이는 부모의 아낌없는 칭찬 덕분에 말과 걸음걸이를 완전하게 배울 수 있다. 아이는 부모의 칭찬 덕분에 자라면서 새로운 것에 호기심을 가지고 끊임없이 도전을 한다.

혼자서는 아무것도 하지 못하던 아이가 두 살쯤 되면 무엇이든지 스스로 해보려고 한다. 옷 입는 것도, 밥 먹는 것도 혼자 하려고 한다. 가만히 지켜보면 아이는 처음으로 양말을 벗거나 단추를 끼우고 나서 꼭 뒤를 돌아본다. 당황하고 불안해서가 아니라 "와~아, 혼자 해냈다! 엄마, 보라고. 나 잘하지!"라는 표정이다. 이때 엄마는 아이와 눈을 맞추고, "우~와, 우리 아들이 혼자 양말을 벗었구나! 정말 잘했어! 엄마도 참 기쁘구나!"라고 아낌없이 칭찬해 주어야 한다. 이 시기에 스스로 이루어낸 성취에 대해 엄마 아빠로부터 마음껏 칭찬 받고 자란 아이는 다른 사람에 대해서도 좋은 감정을 갖게 되고 자신감이 커진다. 아이를 잘 키우는 것은 아이를 끊임없이 지켜보면서 반응하는 것이다.

부모의 관심과 사랑을 듬뿍 받으며 자란 아이는 자신감이 넘친다. 다른 사람과의 관계도 좋을 뿐 아니라 무슨 일에서든지 주도적인 역할을 하게 된다.

아이는 부모에게 사회성을 배운다

생후 10개월 전후의 아이는 엄마의 반응을 보면서 새로운 상황에 적응하는 방법을 배운다. 낯선 사람이나 새로운 사물을 접하면 먼저 엄마의 표정을 살핀다. 엄마의 표정이 당황해 하거나 불안해 하면, 아이도 똑같이 느끼고 울거나 엄마에게 안긴다. 그러나 엄마가 아무렇지도 않게 행동하면 아이의 반응도 편안해진다.

이처럼 아이는 엄마의 표정에 나타난 반응을 통해 새로운 상황이나 사물이 두려운 것인지, 그렇지 않은 것인지를 판단한다. 엄마의 정서적 반응을 참조하여 아이는 사회적 가치관, 규범, 습관에 적응하는 과정을 거친다. 이를 '사회적 참조Social Referencing'라고 한다.

아이가 커 가는 과정에서 사회성의 발달은 매우 중요하다. 예를 들면, 아이가 기어 다니거나, 걸어 다니다가 새로운 상황을 맞아 '어, 어떻게 하지?'라며 뒤를 돌아보았는데 아무도 보고 있지 않거나, 다른 곳을 보고 있다면 아이는 사회적 참조를 할 수 없다. 아이가 낯설고 불확실한 상황에서 당황하고 주저할 때 주위에서 참조할 만한 가르침이나 행동을 보여주지 않는다면, 아이는 사회성을 배울 수 없다.

사회적 참조는 아이가 세상을 살아가는 데 필요한 사회적 규칙을 배우고, 다른 사람들과 어울려 살아가는 기술을 익히는 중요한 과정이다. 사회적 참조의 경험이 부족한 아이는 성인이 되었을 때 다른 사람들과 어울리는 데 어려움을 겪게 된다. 호기심이 많은 아이에게 부모가 어떻게 반응하고 행동하느냐가 아이의 판단과 행동에 올바른 사회적 참조가 된다.

아이에게서 눈을 떼지 마라

아이는 기거나 걷기 시작하면 호기심이 왕성해져서 잠시도 가만히 있지 않고 부지런히 돌아다닌다. 눈 깜짝할 사이에 쓰레기통을 엎어 버리거나 식탁의 음식을 쏟아 버리기도 한다. 이 시기에 부모는 아이에게 잠시도 눈을 뗄 수 없다. 아이는 돌아다니다 낯선 물건을 보거나 구석에서 벌레라도 보는 순간 깜짝 놀라서 움직임을 멈추고 뒤돌아보며 엄마를 찾는다. 아이를 유심히 지켜보고 있던 엄마는 이때 "그건 만지지 마", "벌레가 무섭구나?

엄마가 잡아줄까?" 하고 아이에게 어떻게 대응해야 할지를 가르쳐 주어야 한다.

아이가 걸음마를 배우고 나서는 그런 모습이 더욱 심해진다. 혼자서 아장아장 걸어 다니다가 물이 고인 곳이나 잔디밭을 만나면 걸음을 멈추고 그곳에 들어가도 되는지, 아니면 돌아가야 하는지 엄마를 돌아보며 표정을 살핀다. 갑자기 강아지가 나타나거나 길가에 핀 꽃을 볼 때도 어떻게 해야 할지 몰라서 엄마를 찾는다.

이처럼 아이가 처음 보는 것들은 모두 호기심의 대상인 동시에 두려움과 불안감을 준다. 엄마가 보이는 반응을 통해 아이는 자신이 어떤 행동을 해야 하고, 감정을 어떻게 조절해야 하는지 배운다.

아이가 스스로 움직이기 시작하면서부터 부모는 아이에게서 잠시라도 눈을 떼지 마라. 부모의 행동과 표정을 통해서 아이의 사회성이 길러진다.

버릇 들이기는 두세 살 때부터

아이는 두세 살쯤 되면 무슨 일이든지 혼자 하고 싶어 한다. 걷고, 말하게 되면서 무엇이든지 할 수 있다고 생각한다. 아이는 "내가 할 거야! 혼자 할 수 있어! 싫어! 안 해!" 등의 말을 많이 한다. 자율성이 발달하는 이 시기에 부모는 사회에서 다른 사람들과 함께 살아가는 데 바람직한 행동을 아이에게 가르쳐야 한다.

이때부터 아이에게 버릇 들이기가 필요하다. 그렇다고 아이의 자존심에 상처가 되는 말을 하거나, "이렇게 하면 안 돼! 이렇게 해야 돼!"라는 식으로 아이의 행동을 강압적으로 통제해서는 안 된다. 그것은 아이에게 반항심과 증오감을 심어 줄 뿐이다. "말을 잘 들으면 네가 좋아하는 아이스크림 사줄게"라는 식으로 조건을 달아서도 안 된다. 그보다 아이를 존중하여 스스로 행동을 통제하고 조절할 수 있도록 자율성을 키워 주어야 한다.

아이가 혼자 할 수 있는 일인데도 엄마가 옷을 입혀 주거나 밥을 먹여 주면, 아이는 '나는 능력이 없구나'라고 생각하여 자신감이 없어진다. 그렇다고 아직 아이 혼자 할 수 없는 일을 혼자 하기를 기대하거나 강요하면 아이는 자신의 무능함에 수치심과 열등감을 느끼게 된다.

아이는 원래 내버려 둬도 무슨 일이든지 잘 하고 싶은 의욕이 넘친다. 스스로 할 수 있는 일은 무엇이든지 잘해서 사람들이 기뻐하고 칭찬하는 것을 보면서 즐거움을 느낀다. 아이가 하고 싶은 일에 몰두할 수 있도록 분위기를 만들어 주고 느긋하게 지켜봐 주어라. 만일 의욕이 없거나 시큰둥한 아이일지라도 무조건 꾸짖으면 더욱 움츠러들고 위축된다. 그보다 자신이 부모에게 소중한 존재라는 것을 느낄 수 있도록 아이의 말에 귀를 기울여 주고 존중해 주어라.

반복해서 말하고 느긋하게 기다려라

아이의 버릇 들이기 중 가장 먼저 하는 것은 대소변을 가리는 것이다. 대변이나 소변을 옷에 싸거나, 방이나 거실, 길에서 누어서는 안 되고 반드시 화장실에 가서 변기에 누어야 한다는 것을 가르쳐야 한다. 그런데 엄마는 아이에게 대소변을 가리는 것을 가르치기 위해 열심히 변기로 데려가지만 아이는 좀처럼 달라지지 않는다. 이때도 느긋한 마음으로 아이에게 대소변을 가리는 것을 가르쳐야 한다.

아이가 오줌 눌 때가 됐다 싶으면 "오줌은 변기에 누는 거야"라고 반복해서 말해야 한다. 처음 얼마간은 적당한 시간에 아이를 변기로 데려가 앉혀 주면서 "오줌은 앞으로 여기서 누는 거야"라고 부드럽게 말하고는 기다려야 한다. 하지만 아이는 엄마의 바람대로 금방 변기를 사용하지 않는다. 그래도 엄마는 앞으로 대소변은 변기에서 누어야 한다고 반복해서 말해야 한다. 그러면서 "우리 딸(아들) 언제쯤 기저귀를 벗고 혼자서 '쉬' 할 수 있을까? 엄마는 그때가 너무 기다려져!"라고 엄마의 기대를 부드럽게 말한다. 그러면 아이도 차츰 관심을 갖게 된다.

아이의 버릇 들이기에서 가장 중요한 건 느긋한 마음으로 반복해서 말하고, 끈기 있게 기다리는 것이다. 그래서 아이가 자신의 행동을 스스로 선택하고, 결정하여 자율성을 키울 수 있게 해야 한다. 그러나 "대(소)변을 볼 때까지 여기 앉아 있어!"라거나, "방에서 누지 말고 어서 변기로 가!"라는 식의 강압적인 태도는 옳지 않다. 부모의 강압적인 태도는 아이가 스스로 결정할 수 있는 기회를 잃게 만들고, 아이에게서 새로운 것을 배우는 즐거움을 빼앗아 버리는 것이다.

원래 아이는 새로운 것을 배우기를 좋아한다. 새로운 것을 배우는 건 아이에게 매우 기쁘고 재미있는 일이다. 부모는 아이가 스스로 선택하고 결정할 수 있도록 존중해 주고 느긋하게 기다려라.

기저귀를 벗고 대소변을 가리면서부터 아이의 자율성이 성장한다. 수저 사용하기, 옷 갈아입기, 신발 신기, 친구의 물건을 마음대로 가져오면 안 되고, 친구를 때리면 안 된다는 것 등을 가르치는 것은 훨씬 쉽다. 이때도 아이에게 '혼자 할 수 있을 때까지 도와주고 기다려 줄 테니까 안심하고 해라'는 메시지를 전하면서 느긋하게 기다려야 한다.

아이는 무엇이든지 스스로 하고 싶어 하면서도 처음 해보는 것이어서 서투르고 느리다. 그래서 아이를 존중하여 스스로 할 수 있도록 느긋하게 기다려 주는 것이 중요하다. 그리고 아이가 스스로 노력해서 조금이라도 진전이 있거나 성취한 것을 보면 아낌없이 칭찬하고 격려하라. 아이는 자율성이 커지면서 더욱 잘하려고 노력한다.

아이의 행동에 즉시 반응하고 느긋한 마음으로 기다려라. 부모의 긍정적인 반응과 기다림은 아이의 자립심과 자율성을 길러준다.

아이에게 화가 났을 때는 '일단 STOP'

화가 난다는 것은 분노를 동반한 나쁜 감정이 일어난다는 것이다. 부모가 화난 감정에 휩쓸려 자신의 마음을 다스리지 못하면 아이는 분노의 희생자가 된다. 남을 배려하고 이해할 수 있는 능력이 없는 아이에게 화를 내는 것은 부모의 단순한 화풀이밖에 되지 않는다.

부모가 자주 화낼 경우 아이는 애착관계가 불안정하여 정서가 불안하고 자기중심적이 되어 타인의 욕구나 감정에 공감할 수 있는 능력이 떨어져서 대인관계가 힘들게 된다. 또한 부모의 만성적인 화는 청소년기의 비행으로도 이어질 수 있다. 더욱 놀라운 일은 화를 잘 내는 부모 밑에서 자란 아이가 부모가 되면, 자기 자녀에게 자신의 부모와 똑같이 반복적으로 화를 내게 된다는 것이다.

그럼에도 불구하고 아이로 인해 화가 나면 무조건 참기는 어렵다. 화난 감정에 휩싸이면 이성적으로 생각하기가 쉽지 않다. 하지만 부모는 화난 감정을 잘 다스린 후 아이에게 다가가야 한다. 그렇지 않고 화난 상태로 소리치거나 매를 들면 아이에게 공포와 불안만 안겨줄 뿐 아무런 효과를 거둘 수 없다.

아이에게 화가 났을 때는 일단 STOP

그렇다면 아이에게 화가 났을 때는 마음을 어떻게 다스려야 할까? 먼저 화가 치밀어 오르는 순간 마음속으로 'STOP!'을 외치면서 말과 행동을 멈춘다. 심호흡을 하면서 그 자리를 벗어나 천천히 발걸음을 옮기며 화난 마음을 돌아본다. '왜, 내가 화났지? 이게 과연 화낼 만한 일이야? 아이 잘못 때문이야, 아니면 나 자신 때문이야? 화난 마음을 어떻게 전해야 아이가 상처받지 않을까?'라고 자신에게 물으면서 마음을 다스린다.

그렇다고 화난 상태에서 자리를 박차고 나가면 안 된다. 아이에게 "지금 엄마가 화가 나서 어찌할 줄 모르겠구나. 잠깐 생각하고 와서 나중에 다시 얘기하자"라고 말한 후 자리를 떠나야 한다. 아이에게 엄마의 화난 감정을 그대로 전하는 것이 아니라, 아이로 하여금 화나게 한 행동을 고치게 하는 것이 목적이다. 그렇기 때문에 화난 마음을 잘 다스린 후 아이에게 다가가야 한다.

화가 났을 때 거울 앞에 가서 자신의 표정을 한번 살펴보라. 눈빛이 몹시 사납고 표정이 험악해서 아마 자신도 놀랄 것이다. 그런 표정을 보는 아이는 얼마나 불안하고 두렵겠는가?

화내지 않고 자녀와 대화를 잘하는 부모들의 가장 큰 공통점은 자녀의 잘못을 바로 잡아야 한다고 생각하지 않는다. 이들은 자녀를 자신과 동등한 인격체로 대우하며 존중한다. 아이의 행동에 즉각 반응하지 않고, 스스로 깨닫고 고칠 것이라는 믿음을 갖고 지켜보면서 기다려 준다.

아이를 절대 때리지 마라

아이가 옳지 못한 행동을 했을 때 부모는 화가 나서 그 행동을 고쳐 주려고 때리기도 한다. 하지만 때려서는 아이를 절대 고칠 수 없다. 매 맞은 아이는 나쁜 행동을 고치지 않고 오히려 마음에 상처를 받아 분노와 억울함, 공포심을 키우게 된다. 반면 부모가 고치라고 한 나쁜 행동에 대한 생각은 매 맞으면서 모두 잊어버린다.

체벌은 아이의 공격성을 키워서 또래나 다른 사람들과의 관계에서 공격성을 드러내게 한다. 매 맞으며 자란 아이가 어른이 되면 자신의 아이를 때리게 되고, 심지어 자신을 때린 부모에게까지 서슴없이 폭력을 행사한다.

아무리 사랑의 매라도 아이를 절대 때리지 마라. 사랑과 보살 핌을 받아야 하는 부모로부터 매 맞은 아이의 상처와 좌절감은 이루 말할 수 없이 크다. 한 번 때리기 시작하면 그것도 습관이 되어 갈수록 횟수와 양이 늘어난다. 아이를 때리다 보면 부모도 이성을 잃고 감정에 휩쓸리게 된다. 아이를 때리는 것은 부모 자신의 감정을 푸는 것 외에 아이의 행동을 고치는 데 전혀 도움 되지 않는다.

나쁜 행동을 고치게 만드는 반성의 공간

아이의 나쁜 행동을 고치기보다 좋은 버릇을 키우는 것이 훨씬 더 기분 좋고 효과가 있다. 나쁜 버릇을 고치기는 어렵고 힘들지만, 좋은 버릇 길들이기는 아이에게도 신나고 부모에게도 훨씬 더 쉽다.

부모는 아이가 말을 잘 듣거나 동생과 사이좋게 지낼 때는 당연하다고 생각한다. 하지만 동생과 싸우거나 말을 듣지 않을 때는 화내거나 벌을 준다. 그런다고 아이가 행동을 쉽게 고치지 않는다. 아이가 동생과 잘 지내거나 엄마 말을 잘 들을 때, 밥을 잘 먹을 때 아낌없이 칭찬하고 상을 주어라. 아이는 칭찬 받고 싶어서 더욱 잘하려고 노력한다. 그러면 아이의 좋은 버릇은 점점 더 늘어난다. 그래도 아이의 나쁜 버릇은 완전히 없어지지 않는다.

이럴 때도 절대 때리거나 야단쳐서는 안 된다. 옳지 못한 행동에 대해 부드럽게 말하여 고치게 해야 한다. 아이가 스스로 생각하고 행동을 고쳐야겠다고 결심해야 효과가 있지, 부모의 강압적인 방법은 절대 효과가 없다.

예를 들어, 세 살 된 아이가 떼쓰며 울음을 그치지 않을 경우 이때 아이의 나쁜 행동을 고치기 위해서는 반성의 공간을 활용하면 좋은 효과를 거둘 수 있다.

첫째, '생각하는 의자'를 활용한다.

'생각하는 의자'라고 이름을 붙인 의자 하나를 집 안에 마련한다. 떼쓰는 아이를 그 의자에 앉혀서 자신의 행동을 생각하고 뉘우치게 한다. 아이는 내려오고 싶을 때 의자에서 내려올 수 있으며, 다만 울음과 떼를 멈춘 후라야 된다. 아빠는 아이가 내려올 때까지 조금 떨어진 곳에서 태연하게 책이나 신문을 읽으면서 기다린다. 아이는 의자에서 내려올 때를 스스로 결정해야 하기 때문에 자신을 들여다본다. 아이 마음속에는 화가 나서 울며 떼쓰고 있는 자신과, 마음을 가라앉히고 내려가야 하는 자신이 서로 싸운다. 그러다 마음을 가라앉힌 후 내려온다. 그때 아빠가 다정하게 안아주면서 아이에게 잘못된 행동을 부드럽게 말해 준다. 그러면 아이도 자신의 행동이 아빠에게 환영 받지 못한다는 것을 깨닫고 고쳐 나가게 된다.

만약, 아이에게 "아빠가 내려오라고 할 때까지 앉아 있어!"라고 명령했다면 어떻게 되었을까? 아빠가 의자에 앉으라고 한 것에 화가 나고, 언제까지 앉아 있게 할 것인지 생각하면 화가 계속 난다. '생각하는 의자'에 앉아서도 반성할 생각은 하지 않고, 내려와서도 화난 상태로 있게 될 것이다. 왜냐하면 스스로 결정한 것이 아니라 자신의 행동을 아빠가 강요했기 때문이다.

둘째, 화장실에 들어가게 하는 방법이다.

이때도 밖으로 나오는 것을 스스로 결정하게 해야 효과가 있다. 그러면 아이는 화장실 안에서 언제 나올 것인지 스스로 생각해서 결정한다. 아이는 스스로 자신의 행동을 반성한 후 세수까지 하고 깨끗한 얼굴로 나온다. 이때도 아이를 다정하게 안아주면서 잘못된 행동을 부드럽게 말해준다. 이런 방법으로 아이에게 벌을 주는 시간은 한 살 된 아이에게는 1분 정도, 세 살은 3분, 다섯 살은 5분 정도가 적당하다. 그런데 아이를 너무 오랫동안 벌을 주게 되면 아이는 자신의 행동을 반성하기보다 오래 벌을 준 아빠 엄마에 대한 원망에 사로잡힌다.

아이의 잘못은 스스로 생각하고 고칠 수 있도록 반성의 기회를 제공하라. 어떤 경우라도 화난 상태로 아이를 대하지 마라. 화는 아이는 물론 부모 자신도 망가뜨리게 만든다.

과잉보호가 아이를 외톨이로 만든다

첫돌 무렵부터 아이는 걸음마를 시작한다. 이때부터 아이는 부모의 말을 듣지 않고 자기 생각대로 하고 싶어 한다. 아이는 육체적 심리적으로 성장할수록 자의식이 더욱 강해져서 부모의 통제를 받지 않고 하고 싶은 것이 많아진다. 이때 아이에게 세상의 모든 것이 자기 뜻대로 되지 않는다는 것을 알게 해줘서 스스로 욕구를 조절하고 타협하는 법을 배우게 해야 한다.

만약 이 시기에 아이가 원하는 것은 무엇이든지 다 들어주고, 하고 싶은 대로 하도록 내버려 둔다면, 그 아이는 자신의 욕구와 감정이 다른 사람들과 부딪힐 때 조절할 수가 없다. 집에서는 모든 것을 마음대로 했고, 부모도 자신이 원하는 대로 모두 따라 주었지만, 사회에서는 그런 아이를 아무도 좋아하지 않는다. 놀이방이나 유치원에서도 마찬가지다.

게임이나 운동, 놀이를 서로 같이 해야 하는데 모든 것을 제멋대로 하는 아이는 또래들과 어울릴 수가 없다. 그동안 집에서는 모두 자기 말을 들어주었고, 하고 싶은 대로 다 했는데 친구들이 자기 마음대로 되지 않으니 때리거나 괴롭힌다. 아무도 좋아하지 않으니 그 아이는 친구들과 어울리지 못하는 외톨이가 된다.

이런 아이는 첫돌이 지난 후 자의식이 생기면서부터 부모에게서 현실적인 한계와 타협하고 양보하는 법을 배우지 못했기 때문이다. 당장 내 자식 귀한 줄만 알았지, 이 아이가 앞으로 사회에서 살아가는 데 필요한 기본적인 것을 배울 기회조차 빼앗아 버린 부모의 책임이 크다.

아이를 과잉보호하는 부모의 세 가지 유형

첫째, 아이의 비위를 맞추는 부모다. 아이가 "아빠 미워, 엄마 싫어!"와 같은 말을 하면 어쩔 줄 모른다. 그래서 "엄마 최고야, 아빠 최고야!"라는 말을 들으려고 아이가 해달라는 것은 다 해준다. 이런 아이는 부모를 제 맘대로 조종하고, 부모는 아이에게 끌려 다닌다.

둘째, 아이를 떼쟁이로 만드는 부모다. 아이의 기를 꺾지 않겠다는 생각으로 해달라는 것은 뭐든지 다 들어준다. 하지만 늘 다 들어줄 수 없어 가끔 "안 돼, 그러지 마"라고 한다. 아이는 늘 다 해주던 부모의 거절에 당황하여 떼를 쓴다. 부모는 결국 아이의 고집에 굴복하고 만다. 부모는 아무리 아이가 고집을 부려도 안 되는 것은 분명하게 이유를 설명하여 아이가 받아들이도록 해야 하지만 이들은 쉽게 포기한다. 비록 힘들어도 끝까지 아이를 이해시켜야 할 책임이 부모에게 있는데도 쉽게 포기하면 그 피해는 아이에게 고스란히 돌아간다.

셋째, 아이의 기를 절대 꺾으면 안 된다는 신념을 가진 부모다. 아이를 절대 기 죽이지 않고 개성이 강한 아이로 키워서 세상에 내보겠다고 생각한다. 물론 자기개성과 자기주장을 펴면서 사는 것도 중요하다. 하지만 뭐든지 자기 마음대로 하려는 독불장군이 살아갈 곳은 아무데도 없다. 서로 양보하고 타협하면서 함께 어울려 살아가는 곳이 세상이다.

과잉보호로 아이는 타협하고 욕구를 절제하는 훈련을 부모로부터 받지 못했다. 비록 몸은 컸지만 마음은 아직 두 살배기 떼쟁이로 남아 있다. 이런 아이는 다른 아이들과 마음상태가 너무 다르기 때문에 함께 어울리지 못하고 외톨이로 남게 된다. 과잉보호의 피해자는 아이임을 잊지 마라.

조바심을 내지 마라

아이들은 개인차가 크다. 말을 빨리 배우는 아이가 있는가 하면, 늦은 아이도 있다. 걸음마가 늦은 아이도 있고, 늦게 글을 깨치는 아이도 있다. 밤에 자주 깨는 아이가 있는가 하면 전혀 깨지 않고 자는 아이도 있다. 얼굴 모습도 다르고 기질도 다르다. 그리고 성장속도도 다를 수 있다.

부모는 자신의 아이를 남과 비교하여 조금만 늦으면 초조해하고 조급증을 낸다. 정보가 많지 않던 옛날에는 부모가 아이를 키우면서 초조해하는 일은 거의 없었다. 아이가 뜻대로 자라지 않는다고 불안해하는 부모는 더욱 없었다. 그 대신 아이의 말에 귀 기울여 주고, 아이의 요구에 반응하기 위해 애를 썼다.

어머니나 할머니가 업고 다니다가 아이가 칭얼대면 "왜 그러니? 오줌 쌌어? 배고프구나!" 하면서 즉시 반응해 주었다. 아이의 요구를 잘 들어주었는지는 모르지만 적어도 아이가 보내는 신호를 무시하지는 않았다. 자신의 요구에 부모가 즉시 반응해 주었기 때문에 아이는 부모를 안심하고 믿었다.

또 아이가 걸음마가 늦거나 말을 늦게 깨우쳐도 언젠가는 할 수 있을 거라고 믿으면서 아이를 닦달하지 않았다. 그렇게 키우면서 아이에게 자신감을 심어 주었다.

그런데 요즘 부모들은 아이가 조금만 자기 뜻에 맞지 않는 행동을 보여도 화를 내거나 불안해한다. 대부분의 부모들은 말 잘 듣고, 손이 덜 가는 아이를 '착한 아이'라고 한다. 하지만 진짜 '착한 아이'는 그 나이에 맞는 '아이다운 아이'다.

 기저귀가 젖거나 배가 고플 때 울음으로 엄마를 찾는 아이는 살아가는 데 필요한 지혜를 빨리 터득한다. 그러나 부모의 눈치를 보면서 부모가 좋아하는 일만 하려고 애쓰는 아이는 사춘기 이후 자립하는 데 어려움을 겪게 된다. 부모의 지시나 명령만 따를 줄 알았지 스스로 생각하고 행동할 줄 모르기 때문이다.

 부모가 느긋하게 기다려 주지 않으면 아이는 절대로 인내심을 가지고 성장하지 못한다. 무슨 일을 하다가 조금만 힘들거나 자신의 뜻대로 되지 않으면 쉽게 포기한다. 이는 자신감이 없기 때문에 끝까지 기다리지 못하는 것이다.

 아이 때는 모든 게 느리고 서투르다. 무엇보다 부모가 인내심을 가지고 느긋하게 기다리면서 아이에게 성원을 보내라.

 "엄마 아빠는 네가 할 때까지 기다릴 테니 천천히 하려무나!"

광야로
내보낸 자식은
콩나무가 되었고

온실로
들여보낸 자식은
콩나물이 되었고.

— 정채봉의 '콩씨네 자녀교육'

Do it now!

❥ 자녀출산 계획을 세우자.

❥ 태교를 위해서 부부는 각자 무엇을, 어떻게 할 것인지 정한 후 대화하자.

❥ 우리 아이의 육아원칙을 정하자.

❥ 아이의 나쁜 버릇을 고치기 위한 '반성의 공간'을 정하자.

에필로그

인생의 꽃은 결혼 후에 핀다!

　사랑하는 나의 아들아,
　이제 결혼식이 얼마 남지 않았구나. 부모의 도움을 받지 않고 모든 것을 스스로 준비하는 너희들이 무척 대견하고 자랑스럽다.
　이제부터 진정한 너희 인생이 시작되는구나. 가을에 풍성한 수확을 위해 봄부터 씨 뿌리고 땀 흘려 가꾸는 농부처럼 너희 인생을 꽃 피우기 위해서는 먼저 가정을 정성 들여 가꾸어야 한단다. 그 어떤 사회적인 성공도 가정의 실패를 보상해줄 수 없을 만큼 가정은 삶의 근원이란다.
　항상 네 아내를 가장 우선으로 생각하고 존중하여라. 그러면 너도 존중받을 것이다. 하는 일이 잘 안 되거나 자식에게 어려움이 있을 때는 먼저 너희 부부관계를 살펴보아라. 모든 문제의 근원은 부부에게 있단다. 혹여 서로 의견이 다를 때는 일단 네가 양보하여라.

　마음이 넓은 나의 아들아,
　네 아내를 너그럽게 대하여라. 엎질러진 물은 주워 담을 수가 없듯이 이미 일어난 잘못이나 실수에 대해서는 관대하여라. 너그럽게 대할 수 있는 가장 좋은 방법은 네 아내가 원하는 것을 주는 것이다. 너그럽게 대하는 것은 "당신은 나한테 소중한 사람이다"는 것을 의미한다. 서로에게 너그러운 부부가 결혼생활의 행복도가 5배나 높다고 한단다. 사소한 일로 화내고 다투면서 시간을 낭비하기엔 할 일이 너무 많구나. 사랑하며 살기에도 부족한데….

인생이란 마라톤과 같다. 멀리 내다보고 '일, 가정, 자신을 위하는 일' 세 가지가 일상에서 균형을 이루도록 네 아내와 함께 노력하여라. 어느 것 하나라도 놓치거나 한쪽으로 치우치면 삶이 흔들릴 수 있단다. 이 세 가지가 정삼각형처럼 균형을 이룰 때 삶이 안정되고 풍요로워진다.

의지력이 강한 나의 아들아,

"가장 강한 종種이 살아남는 것이 아니라 변화에 잘 적응하는 종이 살아남는다"라고 찰스 다윈이 말했다. 직장과 가정도 항상 변화한다. 자녀가 성장함에 따라 부부와 부모 역할도 달라져야 한단다. 어떤 남편과 아버지가 되고 싶은지 늘 준비하여라.

직장에서도 꼭 필요한 사람이 되도록 네 가치를 높여라. 네가 정말 좋아하고 잘할 수 있는 일이 무엇인지 찾아서 미리 준비하여라. 수명이 길어지면서 평생 일을 해야 한단다. 네 아내에게 가정경제를 의존할 생각은 아예 하지 마라. 남자는 해야 할 일과

경제력이 있어야 가정과 사회에서 존재감이 있다.

열정적인 나의 아들아,
'인생의 꽃은 결혼 후에 핀다.'
대부분의 사람들은 결혼 후에 인생을 꽃피웠단다. 그 꽃은 배우자의 적극적인 이해와 성원 속에서 피어난다. 이제 너희들에게 기회가 왔구나. 꽃마다 피는 시기가 다르므로 서두르지 말고 천천히 준비하여 너희만의 향기로운 꽃을 피우려무나. 부부가 함께 꽃필 때 가장 아름답고 향기롭단다.

지혜로운 나의 아들아,
행여 섣부르게 효도할 생각은 말거라. 그래도 부모를 생각한다면 진정한 효도를 해다오. 그건 너희들이 행복하게 잘사는 거란다. 부모는 죽을 때까지 자식걱정을 놓지 못한단다. 우리는 너희들에게 조금이라도 부담이 되고 싶지 않으니 혹여 짐이라고 느껴지거든 언제든지 귀띔해다오. 너희들을 위해서라면 무엇이든지 할 수 있으니까.
이 아비는 너희들이 정말 자랑스럽다. 지금처럼 서로 존중하고 배려하면서 너희들의 인생을 활짝 꽃피워라. 항상 너희들을 지켜보면서 아낌없는 성원을 보내련다!

― 사랑하는 아비가